専門サービス組織（PSFs）の成長メカニズム

──「分業構造」の視点からのアプローチ

著 ■ 中本 龍市
NAKAMOTO, Ryuichi

東京　白桃書房　神田

はじめに

本書は，専門サービス組織，具体的には，弁理士が働いている特許事務所を対象に分析を進める。最近では，特許事務所や弁理士の認知度は以前よりも上がっていると思われる。例えば，池井戸潤先生の『下町ロケット』（2010年），稲穂健市先生の『ロボジョ！　杉本麻衣のパテント・ウォーズ』（2020年），南原詠先生の『特許やぶりの女王 弁理士・大鳳未来』（2022年）などの小説では，特許事務所や弁理士が登場する。そこでは，特許などの知的財産権が競争を有利に進める上でいかに重要であるか，知的財産権の保護や活用の支援をしている特許事務所や弁理士がどのように活躍しているのかがいきいきと描かれている。加えて，現実のニュースでも，知的財産権を巡る有名企業間の訴訟や，高額な損害賠償や和解の金額などを目にすることも少なくない。そこには弁理士の解説が添えられていることもある。このように，かつてよりも，知的財産権やそれを扱う特許事務所と弁理士は知られるようになってきていると考えられる。だが，研究対象という視点で特許事務所や弁理士を見てみると，まだまだ研究が進められていない業界である。

筆者が専門サービス組織の成長というテーマに取り組むようになったきっかけは，医療科学研究所時代に遡る。医薬品企業の特許で各社の弁理士の使い方が異なることに気づいたのである。特許の出願に重要な役割を担う専門職であるにもかかわらず，当時は，犬塚篤先生の論文を除けば，十分に分析されていないことが気になっていた。

その後に，弁理士と特許事務所を対象として取り組むようになったのは，前任校時代に，アップロード社の『企業との関係がすべてわかる特許事務所年鑑』という本に偶然に触れたことがきっかけであった。この本では，特許事務所の主たる顧客と，主たる出願領域が一覧になっていた。このデータを使うと，顧客との取引と資源の関係をより詳細に見られるのではないかと考えた。この時点では，取引関係に関心があっただけで，この現象を説明するための理論としてどれを用いるべきかは明確になっていなかった。

日本語で論文をいくつか書いた後に，アメリカではSomaya先生の研究チームが，特許を扱う米国の法律事務所のデータを用いて研究されていることに気づいた。さらに，イギリスではSako先生の研究チームも類似したデータを用いた研究をされていることを知った。これらの研究成果を知っていれば，もっと早くかつ頑健な研究ができただろうに，と感じている。このように，海外で発表された研究に触れて，このテーマをさらに追いかけてみようという気持ちになった。ただ，この時点でもまだ理論的視点を十分に絞り込めていなかった。

後に，組織の成長を理論的テーマとして明確に意識して設定したのは，ある学術雑誌に投稿した際の査読コメントの指摘を受けてからである。そこでは，成果（パフォーマンス）という概念の中でも，成長を説明する論理は，競争優位を説明する論理とは異なると指摘された。すぐに指摘された内容を理解できなかったが，陳浩政先生（台湾の東海大學國際學院）とのやりとりで，譚丹琪先生（台湾の國立政治大學商學院）の研究グループによるレビュー研究を知ったことで理解が進んだ（Tan et al., 2020）。組織の成長は，競争優位性を説明するPorterやBarneyではなく，Penroseの研究が主たる枠組みになっていることに気づかされた。成長をどのように説明するかは結論が出ていないテーマであるため，研究者間でも混乱がある。最近になって，ようやく組織の成長の説明枠組みの違いを明確化したメタ分析も発表されている（Nason & Wiklund, 2018）。このように，手元のデータを出発点として始まり，事後的に，それを説明するための理論が設定されて，専門サービス組織の成長を分析することになったのである。

大きな視点で見れば，一国の経済から，一産業，一企業まで，成長という概念は様々なところで用いられ必要性も認識されている。日本経済全体が長期にわたって成長していない原因として新産業の創出と新規企業の開業が不足しているとされることが多く，このため，個々の企業の創業とその後の成長への関心は高い（例えば，加藤，2022）。例えば，日本経済新聞の記事数を元に成長についての関心の推移を見てみると次のようになる。日経テレコンを用いて，朝刊のみを対象とし，「企業」および「成長」を含む記事数を検索すると，1990年には1601件，2000年には2504件，2010年には2974件，2020年には2910件となっている（それぞれ1年間の記事数）。

一方で，成長というテーマでは，営利部門以外の研究はごく限られている。非営利組織や専門サービス組織といった営利を目的としない組織で成長がどのように起こっているのかは十分に理解が進んでいない。ところが，現象や実務的要請が先に進んでいる。本書が対象とする特許事務所では，2002年の知財立国宣言以降，組織規模の拡大が政策として後押しされている。また，特許事務所のマネジャーにとっても，経営と成長は重要なトピックであり，例えば，弁理士の正林真之先生（正林国際特許商標事務所・所長）が，「成長戦略に必要な経営理論」というテーマで継続的に，特許ニュースに寄稿されている。このように，専門サービス組織にとっても，成長は現実的に直面している経営課題になっている。

ところが，日本では，特許事務所などの専門サービス組織を経営学の視点で捉え，その成長を対象とした研究が少なかった。日本では多くの先生方が専門職個人レベルや組織社会学の視点から分析をされてきた。すべての先生を挙げられないが，五十音順に，太田肇先生，田尾雅夫先生，西脇暢子先生，藤本昌代先生，ほか多くの先生が研究を発表されている。このように経営学の視点から研究がなされてこなかった理由は，様々なものが考えられるが，主な理由は次のようなものであろう。一般に，PSFsでは，専門職の規範を守り，顧客の利益を優先するという専門職の論理が支配的である一方で，利益や成長を追求するという商業的な論理は優先度が低かったためであろう（Heizmann et al., 2020）。

海外に目を向けると，経営学の視点で専門サービス組織を分析することが一般的になっている。専門サービス組織の専門学術誌であるJournal of Professions and Organizationを対象とした分析では，2014年の創刊号から，2020年の6月までに掲載された100本の論文のうち，54本が経営学の研究領域の視点で分析されているという結果が出ている（Brock, 2021）。特に，アメリカの法律事務所を対象にした研究では，成長をテーマとした研究が見られる（Kim et al., 2016; Kor & Leblebici, 2005; Mawdsley & Somaya, 2021）。アメリカの法律事務所を対象とした研究が多い理由は，アメリカの法律事務所が世界ランクの上位に位置し競争力が高いとされることや，さらに，弁護士が企業法務を支えてきたことが背景にあると考えられる。例えば，「レインメーカー」，「スーツ」などのドラマを見ると，アメリカの弁護士がいかに企業活動に関わっているのかが分かるであろう。藤本隆宏先生が指摘されているように，国ごとに強い産業には違いがあるため，それぞれの国の研究者が取り組む分析対象や用いる理論的レンズにも国ごとの特色がある。その意味では，これまで日本の専門サービス組織は，経営学研究の対象となりにくかったといえる。詳細は本文中に譲るが，このような背景を踏まえると，本書の主な貢献は，日本の専門サービス組織を経営学の視点から分析したことにある。

最後にこれまで研究を進めるにあたって多くの方々にお世話になったことを記して感謝申し上げたい。

まず，大学関係者からである。ここには記しきれないほど，学部生そして大学院生時代，その後の研究員時代，前任校，本務校までを含めて様々な先生方からご指導，ご高配をいただいた。若林直樹先生には，ネットワークを鍵概念として組織間関係を捉えるという視点をいただき，現在でも研究のベースになっている。椙山泰生先生には，特許やイノベーションを用いる研究についてヒントをいただき，この分野に参入するきかっけをいただいた。学部生時代から現在に至るまで両先生には，様々な面でご指導，ご支援をいただいている。修了後，武石彰先生や菊谷達弥先生との研究では，自動車産業のOEMとサプライヤー関係の視点を応用して，顧客と特許事務所の関係を分析してみたら良いのではないか，という着想を得られた。田尾雅夫先生にも，学部生時代からご指導をいただいており，特に出版に際しては書籍を執筆するとはどのようなことかという根本的な姿勢からお教えいただいた。直接お礼を申し上げられないが，曳野孝先生には，小さいことから大きなことまでご相談に乗っていただき，常に励ましていただいたおかげで，研究を続けることができた。野口寛樹先生には，学部生時代よりあらゆる相談相手として助けていただいている。前任校から継続して，井畑陽平先生には，公私ともにお世話になり，研究面でのご指導のみならず，遅筆の私を励ましていただいた。大学院生のNgoc Anh Duongさんと石雪梅さんはデータの収集と処理を手伝っていただく過程で，データの切り口について新たな視点を提供してくれた。この他にも，紙幅の都合でお名前を挙げることができないが，組織学会，日本経営学会，紫苑研究会，京都大学 OB・OG の研究会，Association of Japanese Business Studies，その他の国内外の学会や研究会で，コメントをいただいた先生方に御礼を申し上げたい。

実務家の皆様にも大変お世話になった。日本弁理士会の皆様や弁理士の先生方，および，企業の知財部の方々に，個別にインタビューさせていただいたことで，現象への筆者の理解が深まった。業務でご多用の中，長時間のインタビューにご協力くださったおかげで，この業界について素人の筆者が，なんとか執筆することができた。発明通信社様には，特許情報検索サービス（HYPAT-i2）をご提供いただき，研究の基盤となるデータセットを揃えることができた。さらに，研究の源流まで遡れば，医薬品産業（特に，日本ファルマアライアンス協会）の皆様にも多くの時間を割いていただいたし，医療科学研究所の皆様にも，研究の初期からご支援をいただいた。実務を通して日々，社会に貢献されている方々に深く御礼を申し上げる。このように多くの方々の支援を受けたが，本書の誤りはすべて浅学の筆者のみの責任にあることを記しておく。

出版の機会を与えてくださった白桃書房の皆様にも御礼を申し上げたい。同時に，筆者の執筆が進まず，代表取締役の大矢栄一郎さんのみならず，編集部の皆様にもご迷惑をおかけしたことをお詫びしなければならない。本書は 2018 年ごろから執筆を始め，2019 年にいったん完成して，平千枝子さんにご覧いただいたものの，事後的に自らの未熟さを痛感しゼロから書き直すことになった。結果として，長い月日が流れてしまった。残念なことは，平さんの在職中に間に合わなかったことである。その後，佐藤円さんに，ご無理をお願いし，なんとか原稿を仕上げることができた。

最後にこれまで研究を支え応援してくれた家族，友人達，そして，とわろーどの皆様にもこの場を借りて謝意を表したい。

※この研究は，科研費（22K01676）の支援を受けている。

2022 年 11 月

中本龍市

目次

序章

1. はじめに

本書は，専門サービス組織（Professional Service Firms，以下 PSFs とする）の多角化が，組織成長にどのような影響を与えるのかを分析することを目的としている[1]。組織成長が意味する内容は論者や読み手によって異なるため（Coad, 2009），冒頭に説明しておく。ここで，組織成長とは，組織規模の量的変化を指すものとする。一般に，組織規模は，売上高，資産，構成員などの組織の量的特性によって測定される。成長という言葉は，正の方向を連想させるが，ここでの組織成長の率（あるいは量）には，正（前期比での量的拡大）のみならず，負（前期比での量的縮小）の双方を含む。基本的に以降の議論では，組織成長を組織規模の量的拡大と読み替えても良い。特に本書では，組織規模の量的拡大の率や量と多角化の関係に関心がある。

多くの既存研究が明らかにしてきたように，市場や製品・サービスの範囲を拡張すること，いわゆる多角化は，組織が成長するための主要な手段である（Ansoff, 1965; Coad, 2009）。多角化による成長は，営利企業に限らず，それ以外の部門の組織でも見られるものであり，実際に，法律，会計，経営コンサルティングといった専門サービス産業でも，新たなサービス領域へ拡大することで組織成長が見られる（Eckardt & Skaggs, 2018）。

一見すると，専門職は組織を成長させることに熱心でないと考えられるかもしれないが，実際には，成長は重要な目標とされている（Segal-Horn & Dean, 2011）。専門サービス産業の組織成長は進んでおり（Brock et al., 1999），例えば，先進国の法律事務所では，大規模な法律事務所が出現し，かつ，成長している（Campbell & Charlesworth, 2012; Daniels, 1993; Galanter & Palay, 1993）。このような組織の継続的成長と大規模化の結果，経済的規模で見れば，会計事務所および法律事務所を合計すると全世界の医薬品企業の売上高と従業員数を超えるほどになっている（Empson, 2017）。

既存研究が指摘しているように組織が成長を狙う理由はいくつもある（Coad, 2009）。例えば，生存のための正統性を獲得すること（Stinchcombe,

1965)，あるいは，成功の指標や目標として機能することなどが挙げられる（Eisenhardt & Schoonhoven, 1990）。特に，PSFsにとって重要な理由として，専門職に対する昇任の機会提供による組織の維持がある。つまり，大規模化したPSFsでは，継続的に組織が成長しなければ，雇用されている専門職に対して，より高い階層への昇進という誘因を提供し続けることができなくなり組織を維持できなくなってしまうのである（Ferner et al., 1995）。このように，PSFsも組織規模の量的拡大に取り組んでいる。

一方で，専門サービス産業の組織が，成長するメカニズムを理論に説明する努力は十分でない（Eckardt & Skaggs, 2018）。組織成長の研究は，営利企業を対象としてきたが，専門サービス産業では十分に注意が払われてこなかった。専門サービス産業では，組織の成長という現象面が先行しているものの，理論的な説明が十分に提供されていない。

本書は，このような学術的な空隙を埋めるために研究を進める。本書の学術的問いは，顧客とサービス範囲の拡張が，どのようにPSFsの成長に影響するのかである。言い換えると，PSFsの多角化が組織の量的拡大の率や量にどのように影響するのかである。本書は，Penroseの組織の成長理論に依拠してこの問いに対する答えを導き出す[2]。

営利企業を対象とした既存研究で明らかになった知見を応用すると，外部の事業機会が組織の成長にとって重要な要因であり（Coad, 2009），それらを見つけ出すことができれば，PSFsも成長が可能であるように思われる。実際に，PSFsの既存研究は，外部の成長要因が組織の成長を規定することを強調してきた（Eckardt & Skaggs, 2018）。ところが，外部の事業機会に気づいたとしても組織は成長を実現できるとは限らない。なぜなら，外部機会が活用できるかどうかは内部の資源の使い方に依存して決まるためである（Penrose, 1959, 1980, 1995）。これは，例えば，同じ産業にある組織であっても成長率が異なることからも明らかである。ある組織は，外部機会を発見し，内部資源と結びつけ機会を活かして組織の成長につなげることができるが，一方で，別の組織はそれができない。営利企業を対象とした研究が明らかにしているように，組織成長は外部機会さえあれば，自動的に起こるわけではない（Barringer et al., 2005）。

従って，PSFsにおいても，組織成長を実現するためには，成長戦略の立案や実行が必要である。ただし，PSFsで成長戦略が果たす機能は，営利企業のそれとは異なっている。このような違いをもたらす大きな理由は，個々の専門職が高い自律性を持っている点にある。専門職個人は，「意志を持って自由に動き回るチェスのコマ」あるいは「猫」と表現され，PSFsのマネジャー[3]は，「猫の群れ」を管理しなければならないと表現される（伊吹，2017; Løwendahl, 2005）。このように，PSFsの成長戦略の実行は，個々の専門職への分権度合いが高いという前提条件の下に置かれている。

しかし，専門職の自律性を理由にして，PSFsが，過度に分権化された無秩序な組織である，あるいは，戦略を持たない組織であり，成長戦略の果たす機能は非常に限定的であると考えるのは誤りである。正確にいえば，PSFsは，営利企業とは異なる組織と戦略を持つといえる（Greenwood et al., 1990; Teece, 2003; Wasserman, 2008）。実際に，PSFsにおいて，戦略的マネジメントが導入されていることが示されており（Pinnington & Morris, 1996），その中で具体的には三つの次元（戦略，市場・財務，オペレーション）があるといわれている。特に，大規模化したPSFsでは，経営管理に責任を持たない，雇用されている専門職が増えているため，個々の専門職の自律性に委ねるだけでなく，組織としての戦略的な管理を求められるようになっている（Brock, 2006; Løwendahl, 2005）。

本書では，専門サービス産業のうち，特許に関する専門サービスを提供する特許事務所を対象として分析を進めていく。以下でさらに詳しく述べるように，PSFsは営利企業と異なる研究文脈を提供しているため，これまで営利企業で蓄積されてきた組織の成長理論の境界条件を明らかにできる。これを通して，組織の成長理論に貢献できる。

2．分析の題材

2-1．PSFs の定義と特性

PSFs とは，狭義の定義では「収益を生み出している人員の大多数が，確立，認定，規制されている専門職から構成されている組織」とされ，広義の定義では「知識集約型の活動と志のある専門家を含む組織」とされる（Empson et al., 2015）。研究者によって様々な定義があるが，近年出版されたハンドブックでは，図表序-1 の四つの特性を持つ組織を PSFs としている（Empson et al., 2015）。

PSFs 分野のすべての研究者が合意できる定義を提示することは困難であるため，本書では，狭義または広義の定義に当てはまり，また，図表序-1 の特性を持つ産業で分析を進める。先述したように，特許事務所を対象とする[4]。

図表序-1 に示したように，PSFs は，一般的な営利企業とは異なる特性を持っており（von Nordenflycht, 2010），特殊であるのは事実である。ただし，一般的な民間企業との違いや特殊であるということは，研究の意義を減じる理由にはならない。むしろ，組織成長の研究領域として特別な文脈を提供しており境界条件や理論的限界を知る上で重要な結果を提供する。この点について，Teece（2003）も PSFs から民間企業も学ぶことが多いと指摘している。

図表序-1　PSFs が持つ特性

1. 主活動
   専門家の知識を活用し顧客にカスタマイズした問題解決を提供
2. 知識
   専門家の持つ技術知識および顧客に対する深い知識
3. ガバナンス
   高度な個人の自律性と状況に応じたマネジメント側の権威
4. アイデンティティ
   専門家同士，顧客，競争相手から専門家であると認識されている

出所：Empson et al.（2015）p. 5 より筆者作成。

2-2. PSFsの重要性

営利部門の企業は，経済主体の一つであるが，この他にも政府，非営利組織やPSFsなどといった様々な営利部門以外の組織が経済活動を担っている。後述するように，PSFsは世界的に成長していること，さらに，PSFsは営利企業の支援産業として機能していることから，研究が待たれている。

15年以上前の研究では，PSFsは比較的最近まで無視されてきた分野であるとされている（Nachum, 1996）。だが，近年では，多くの関心が寄せられる研究対象である。PSFsを対象とした研究は，1990年代ごろから始まり（西脇，2013），2000年代以降では，一般理論を扱う学術誌でもPSFsを題材にした研究が発表されるようになっている。

海外の主要な学術誌では，PSFsを対象とした研究が増加しており，経営学研究に貢献していることが明らかである（Brock et al., 2014; Skjølsvik et al., 2017; Somaya & Mawdsley, 2015; Teece, 2003）。この学術的流れは，近年，Organization Studies，Human Relationsなどの主要誌が特集号を組んでいること，また，2014年にJournal of Professions and Organizationが創刊したこと，加えて，Oxfordのハンドブックが出版されたことからも分かる（Empson et al., 2015; Empson, 2017）。

日本国内の研究は，すでに西脇（2013）がレビューで整理している通りである。日本では，特定の専門職の概念的研究や少数の事例研究，専門職個人を対象としたサーベイ調査などが蓄積されていることが明らかにされている。欧米での研究に比較して絶対数は少ないものの，個人，集団，組織といった様々な分析レベルで，PSFsを対象とした研究は蓄積されている。

2-3. PSFsの大規模化と戦略的管理

組織が大規模化すると，個人事務所や数人のパートナーシップの経営管理をそのまま利用し続けることはできない。ゆえに，それらを大規模事務所に合わせたものに更新する必要があり，事務所レベルの戦略，財務，経営管理がより重要になっている（Greenwood et al., 1990; Nanda & Narayandas, 2021; von Nordenflycht, 2010）。例えば，PSFsのマクロ的な組織編成は，規模の拡大に合わせて，パートナーシップ制と専門職主義の原理を持つP2

フォームから[5]，より，商業論理・経営者論理を取り入れたMPB（Managed Professional Business）へと変化したとされている（Cooper et al., 1996）。このような変化は，よりミクロ的な変化を起こし，現場レベルでもより経営者論理に影響を受けた管理手法や実践が取り入れられるようになった（Brock, 2006; Faulconbridge & Muzio, 2008; Hanlon, 2004; Løwendahl, 2005）。以上のような変化を踏まえると，PSFsを分析する際に，戦略的管理の枠組みを適用できる素地ができてきたといえる。すでに，そのような試みは諸外国の経営学領域で見られている（Sako et al., 2016; Somaya et al., 2008; Somaya & Mawdsley, 2015）。

2-4. 日本におけるPSFsの大規模化

PSFsの組織成長と大規模化は日本でも見られる現象である。図表序-2に，隣接領域の士業の8業種を比較して示す。

公認会計士は監査法人の設立が他の士業と比較して早くから可能であったが規模の格差が拡大し二極化が見られるようになったのは最近の10年間である（中尾，2022）。その他のいずれの士業も，2002年前後から，法人化が可能になっており，法人数は増えている。これは一連の司法制度改革や，知

図表序-2　隣接士業の比較

資格	法人名	法人制度発足日	総人数		
			2003年	2010年	2021年
弁護士	弁護士法人	2002年4月1日	19508	28789	43206
弁理士	特許業務法人	2001年1月6日	5220	8148	11556
税理士	税理士法人	2002年4月1日	66518	71606	79404
公認会計士	監査法人	1966年7月3日	13721	20038	22718
司法書士	司法書士法人	2003年4月1日	17412	19766	49480
行政書士	行政書士法人	2004年8月1日	36417	40475	32478
社会保険労務士	社会保険労務士法人	2003年4月1日	26967	34732	43474
土地家屋調査士	土地家屋調査士法人	2003年4月1日	18648	17617	16141

出所：日本弁護士連合会『弁護士白書』各年版および七戸（2017）を元に筆者作成。
数値はそれぞれ3月末日時点を基準に集計しているが，資格や年度によって集計時期によって違いがある。

財立国宣言などの政策で，弁護士や弁理士，その他の関連の法律サービスの需要が増えたことによる（荒井・知的財産国家戦略フォーラム，2002; Aronson, 2007）。2000 年代以前には，法律サービス需要は現在ほど高まっておらず，日本の法曹界は特殊であり，事務所の大規模化や英米を代表とする諸外国の大規模事務所は成立しないという見方があった（例えば，庭山・山岸，1998 など）[6]。しかし，2000 年代から法律サービス需要の需要に合わせて，規模の拡大が士業でも進んできた現実がある。

日本における士業の大規模化の動きを見ても，諸外国での研究と同じように，PSFs の分析に，戦略的管理の枠組みを適用できる前提条件が揃ってきたといえる。

3．理論的枠組み

3-1．組織成長をどの理論で説明するのか

ここまで述べてきたように，PSFs の組織成長は現実的に観察されており，経営学領域の枠組みによって分析する素地ができてきた。次に考えるべきは，この現象をどのように説明するのかということである。結論を先取りすれば，本書では Penrose の成長理論を理論的枠組みとして用いる。この

法人数			社員数合計			使用人数合計		
2003 年	2010 年	2021 年	2003 年	2010 年	2021 年	2003 年	2010 年	2021 年
76	421	1388	200	956	3275	128	2209	4237
22	127	312	62	331	1076	63	600	2169
434	1949	4356	1175	5087	11461	605	—	—
258	198	852	公表なし	公表なし	1986	公表なし	公表なし	1576
18	381	627	41	979	1580	11	485	307
—	169	258	—	409	—	—	45	—
—	316	1781	—	740	2992	—	公表なし	—
—	119	339	—	310	800	—	14	81

理由は，以下に述べるように，経営学領域において成長を説明する場合には，Penroseの理論が現在でも有力な枠組みとされているためである。

確かに，Penroseの成長理論以外にも代替的な理論はある。例えば，Coad（2009）は，Penrose以外の理論として，新古典派経済学の成長理論，企業の経営者理論（the managerial theory of the firm），進化経済学，組織の個体群生態学の四つの成長理論があると指摘している（Coad, 2009）。また，Storey & Greene（2010）は，急成長企業を説明する理論として，進化論的アプローチ，社会ネットワーク，資源ベースの企業観，起業家のマネジメント特性，経済学，ランダムアプローチの六つのアプローチを提示している。

このように，組織成長を説明する理論は，競争優位の要因を説明する理論と比較して，体系的に整理されていない。多くの実証研究は蓄積されているものの，何が成長の要因となるのかが十分に整理されていないままである（McKelvie & Wiklund, 2010）。組織成長の要因は，現在でも，経営学，経済学の様々な分野で独自の理論体系を基盤にして研究が続いており（加藤，2022），多数の要因が明らかになっているものの，一つの理論や要因のみで完全に説明することはできない（Coad, 2009）[7]。

以上をまとめると，様々な立場があり，立場の違いは解消されていないままであるが，営利企業の組織成長を説明する理論として，Penroseの理論が最も強い影響力を保っていることが明らかになっている（Tan et al., 2020; Zupic & Drnovsek, 2014）[8]。また，組織成長を扱うすべての研究が，Penroseの視点を用いるわけではないことも明らかになっているが，それを認めてもなお，Penroseの理論は有力な説明枠組みである（Lockett et al., 2011; Tan et al., 2020）。ゆえに，本書もPenroseの成長理論に基づいて，組織成長という現象を説明する。

3-2. Penroseの意味するfirm

Penroseの成長理論を用いるとして，残る課題は，営利組織でないPSFsに，この理論が適用できるかである。彼女は，営利部門の企業，とりわけ株式会社を想定して理論を構築し[9]，後続の研究は営利企業を対象として研究を蓄積してきた（Nason & Wiklund, 2018）。

ところが，末松（1980）は，Penrose の第二版の翻訳である『会社成長の理論』の序文で，株式会社に限定されないと指摘している。Penrose の提示した論理に基づけば，組織の法的な形態を別として，組織の経営資源を管理し，外部にある生産的機会を発見し，成長の計画を立案し，実行する管理組織があれば，Penrose の理論は適用できると考えられる。

この点について，1995 年に出版された第三版の訳者である日高（2010）も，あとがきで，次のように指摘している。つまり，「(1) 物的・人的資源の一個の集合体であるとと，(2) 一個の管理組織体としてその全体に調整が及ぶこと」(p. 367) の属性から企業が定義されるとする。以上の議論を踏まえると，営利組織の株式会社以外にも Penrose の理論は適用可能である。つまり，大規模な PSFs は，(1) 専門職が主たる人的資源となる一個の集合体であり，(2) 経営に責任を負う上級の専門職（パートナークラスの専門職）たちが管理組織体として機能し調整が firm 全体に及ぶといえる。よって，本書では，Penrose の理論を，大規模な PSFs に適用する。

3-3. Penrose の理論による PSFs の成長の説明

Penrose の理論に基づいて PSFs の成長研究を進めるため，本書の前提は，組織内部に成長の要因を求める立場である。Penrose（1959, 1980, 1995）では組織の内部要因を唯一の制約条件であると捉えており，これは，経営者（マネジャー，管理者と以下では互換的に用いる）たちの能力によって，必ず外部機会を見つけることができるためである[10]。本書でも，PSFs の経営者（パートナー）が，外部機会を発見し，それに組織内部の資源（ここでは主に専門職の知識）を活用しサービスを引き出すことで，PSFs が成長するという見方をする。

より具体的にいえば，PSFs では，経営者（パートナー）は，成長戦略を立案する際に，顧客およびサービスの範囲の拡張を軸にして，外部機会を発見し，成長戦略を立案する。その上で，成長戦略の実行過程を形成し，監督すると考える[11]。ただし，外部に成長機会は見つかったとしても，経営者（パートナー）の時間と労力は有限であるため，成長率には限界がある。つまり，経営者（パートナー）が，成長戦略を計画し，実行し，監督するために必要な時間と労力が枯渇してしまうと，成長率が低下すると考えられる。これが，本書のPSFsの組織成長を説明する基本枠組みである。

4. 分析の方法

既存研究では，大規模なPSFsに強い関心が持たれていること（Connaughton & Meikle, 2013），また，データの入手可能性，さらに，欧米以外のPSFs研究が限られているといった理由から，本書では，日本の大規模な特許事務所を対象として分析する[12]。

日本では，経済界の要望と経済産業省の後押しによって法人化が可能になり，特許事務所がサービスの継続性と安定性を目的とした大規模化（特許業務法人制度の創設）が進んできた。実務界でも，大規模化した特許事務所に経営感覚を取り入れる必要があるという意見が見られる（正林，2012b; 荒井ほか，2005）。

本書の分析対象となる期間（2002年から2010年）では，日本全体の特許出願数は頭打ち傾向にあった。つまり，何の対応も取らなければ事務所の成長を維持できない状況であった。また，この時期には，知的財産権保護政策が重視されたことや弁理士の報酬を規定していた弁理士報酬額表が廃止され，より特許事務所の仕事の質と特許事務所間の競争が重視される外部環境へと変化した。結果として，顧客からは，より能力主義に基づいて特許事務所の関係が精査されるようになった。ゆえに，この時期は，それぞれの事務所の多角化（顧客とサービス範囲の拡張）と組織成長の関係を検討するために適切な時期である。

5. 本書の構成

第1章では既存研究の検討を行う。PSFsの既存研究の中でも組織成長を扱った研究のみに絞って文献レビューを行う。それに基づいて，本書の理論的枠組みを説明する。

第2章では分析対象である日本の特許事務所の産業特性について説明する。

第3章では分析方法を説明する。本書で用いるデータの収集方法と変数の測定方法を中心に解説する。

第4章では，特許事務所の成長戦略，すなわち，顧客とサービス範囲の拡張が組織の成長率にどのような影響を与えるのかについて明らかにする。ここでは成長戦略の計画立案と実行過程を考慮した上で，仮説を導出し検証した。分析結果は，顧客とサービスでそれぞれが組織の成長率に異なる影響を持つことが明らかになった。

第5章では，第4章の結果をより詳しく理解するために，顧客およびサービス範囲の拡張が，どのような空間的範囲で行われるのかを明らかにする。言い換えれば，顧客やサービスの範囲を拡張していく際に，特許事務所は空間的にどこでそれを行うのかを明らかにする。分析結果は，顧客範囲の拡張が新規の地域で行われる傾向にあることを示していた。

終章では，研究結果をまとめる。PSFsは，経済活動を支援する産業であるため，政策上の期待も大きい。また，PSFsでの発見は営利企業やその他の産業部門にも転用できる。文脈から離れすぎた一般化には注意を必要とするが，理論的および実務的示唆を提示する。

6. 本書の分析で明らかになったこと

結論を先取りすると，異なる成長戦略，つまり，顧客とサービスの範囲で，組織の成長率に与える影響が異なることが明らかになった。顧客範囲は組織の成長率に負の影響を持ち，サービス範囲は正の影響を持つ。このような違いをもたらす理由が，組織内分業であると考えられる。顧客範囲の拡張は，上級の専門職であり，かつ経営者としての責任を持つパートナーが担当し，サービス範囲の拡張は主にオペレーションを担当する一般の専門職であるアソシエイトが担当する。従って，それぞれの成長戦略の監督と実行において，必要な専門職の時間や労力が異なるのである[13]。顧客範囲の拡張を通した成長戦略では，パートナーの時間と労力をより多く投入する必要がある。一方で，サービス範囲を通した成長戦略では，アソシエイトに分業が可能であるため，パートナーの時間と労力は節約できる。以上の組織内分業の特性が，それぞれの成長戦略が成長率に与える効果に違いをもたらしていると考えられる。

この結果をさらに深く理解するために，組織成長の過程に空間的視点を取り入れた。顧客やサービス範囲の拡張が，地理的拡張と合わせてどのように行われているのかを明らかにした。既存地域を越えて顧客を見つけるかどうかは，パートナーが外部機会をどこで見いだすかに依存して決まる[14]。分析の結果，顧客範囲の拡張は新規地域で行われることが明らかになった。つまり，顧客範囲の拡張を通じて，より遠方の顧客まで拡張していくことで，パートナーはより多くの時間と労力を消費してしまうことが分かる。

本書の結果は，営利企業を対象とした既存研究の結果と部分的に逆になっている。つまり，既存研究では，新製品開発への注力は成長を遅らせるとされていたが（Mishina et al., 2004），PSFsでは特有の組織内分業の特性や，専門サービスの特性によって効果は逆になると考えられる。これは具体的には以下のような理由による。第一に，営業機能の担当者の違いである。一般的な大規模製造業では，顧客の開拓や関係の維持といった営業機能は営業部門に分業されている（Mintzberg, 2009）。CEOが自ら日常的に営業活動を行っているわけではないことからも明らかである。一方で，PSFsでは，経営者かつ上級の専門職であるパートナー自身が顧客の開拓と維持を担当するという点で，営業活動は階層的には上方に集中している。第二に，新製品や新サービスの開発過程の違いである。大規模製造業では，専門部門が新製品開発に長期的な期間を要するのに対して，PSFsでは，その場で即興的に現場の専門職，特にアソシエイトたちが顧客との相互作用の中でサービスを創出するため（Morris & Empson, 1998; Skjølsvik et al., 2007），短期的に完了する。

これらの結果は，広い意味では，組織成長には産業特性によって違いがあること（Weinzimmer et al., 1998），また，戦略が直接的に成長に影響するわけではないことを示している（Mishina et al., 2004）。本書は，既存研究が十分に取り上げてこなかったPSFsでの成長を取り上げたことで，既存研究では十分に明らかになっていなかった文脈特有の成長要因やメカニズムを提示することができた。

7．補論：組織成長が持つ意味

すでに述べたように，本書では，組織成長を「組織規模の量的拡大」によって捉え，量的拡大の率あるいは量を説明しようとしている。これを説明するために，本書はPenroseの理論を用いている。

Penroseの成長理論では，このような組織規模の量的拡大は，経営者たちの経験や経営管理の仕組みといった組織内部の変化の結果として副次的に起こるものであるとする（Penrose, 1959, 1980, 1995; 高橋，2002）。これについてはすでに触れた通りである。このような考え方に従えば，組織成長は，明示的に管理可能な数値目標として設定され，それを起点として成長戦略が立案・実行されることによって起こるというよりも，経営者たちが内部の資源の余剰や新たな使い途を見つけることによって起こる。経営者たちの起業家的機能は常に組織内に存在すると仮定されており，Penroseの議論の前提となっているため（高橋，2002），組織規模の量的拡大も継続的に起こると考えられる。確かに組織内部の変化は直接観察されず，やや抽象的，理論的なメカニズムが想定されているものの，この説明は現実と対応している。この点について，高橋（2002）は，「立ち上げ屋」の集団が継続的に新規事業開発を立ち上げていく様子を想定すると分かりやすいとしている。大企業においても，立ち上げ屋が連続的に，新規事業を立ち上げていくことによって成長が起こる。

一方で，現実的には，しばしば，組織規模の量的拡大は数値目標として先だって設定される。つまり，規模の大小や産業部門を問わず，成長率あるいは量は，重要な業績指標の一つとして扱われ，目標の一つとなる[15]。実際には，社内外へのステークホルダーを意識して，あるいは，経営者自身の利益の追求のため，量的拡大が目標として設定される事例は営利企業ではしばしば見られる。

例えば，日本の大企業では，平井（2012）が，加護野ほか（1983）などの代表的な日本企業の研究にも依拠しながら，「成長志向のマネジメントスタイル」が定着してきたと指摘している。上場企業の決算報告で，前期比での売上高や市場シェアの成長率が示される事例や，中期経営計画で将来的な売上高が示される事例が見られる。海外企業においても，規模の経済性が競争優位の要因であるという見方によって，市場シェアをできるだけ上げるように量的拡大が目標とされる（Miniter, 2002）。また，中小企業においても，競争上不利にならないように一定規模（最小効率規模）以上にまでの量的拡大を志向すると考えられる（Coad, 2009）。あるいは，小規模企業は規模が小さいことに起因する不利益を負うため（Aldrich & Auster, 1986），規模の量的拡大を狙うと考えられる。さらに，成長は成功の一つの指標として扱われ（Baum et al., 2001），ベンチャーキャピタルといった出資者の要求に対応するために，量的な成長目標を設定することもあるであろう。これらの場合には，数値目標として成長率あるいは量が掲げられ，それを起点として成長戦略が立案・実行されることで成長が起こる。以上の実務的背景を考慮すれば，対前年比でどのような変化が見られたのかという情報は，その組織の活動を把握するための重要な手がかりとなり，組織の量的拡大は目標として設定され，組織を制御するものとして機能している[16]。

Penroseの理論と，現実の企業での組織成長への姿勢の違いは，「資源の使い方を新たに見いだしそれによって成長戦略を立案し，結果として量的拡大が発生するか」，それとも，「数値上の目標が先にあり，それから成長戦略を立案するか」である[17]。このような違いが残るものの，組織が成長する過程では，トップマネジメントからミドルマネジメント，そして現場のマネジャーも，成長戦略の計画を立案し，実行し，監督するために時間と労力を投入することになる。この一連の活動が，組織規模の量的拡大の原動力である。ただし，ある時点での経営者たちの時間や労力に限界があるため，成長率は上限がある。言い換えれば，経営者たちの監督・実行が可能な成長計画に制限があり，ある時点での成長率の限界が存在する。

このように，組織成長，つまり組織規模の量的拡大の原動力やその過程で，組織内部で起こる共通のメカニズムを考えれば，成長戦略を実行する他の部門の組織も本書から示唆を得られる可能性がある。ここで「可能性がある」と表現したのは，組織成長を単一の理論や要因によって完全に説明しきることはできないためである（Coad, 2009）。すでに触れているように，Penroseの理論は，組織成長を説明する理論として規模の大小を問わず広く用いられているし（Stam et al., 2006; Storey & Greene, 2010），また，組織規模が測定できれば，営利部門においても，それ以外の部門においても，数字上は同じように組織成長を扱うことができるため，分析結果は，一般化可能に見える。ただし，個別具体的にいえば，組織成長が持つ意味合いや成長に至る過程が，産業や規模あるいは組織によって異なるため（Coad, 2009），他部門に適用する際には慎重になる必要がある。

〈注〉

1　本書が依拠するPenroseの考え方によれば，組織規模の量的拡大は，組織内部要因が変化した結果として付随的に起こるものであるため（Penrose, 1959; 高橋，2002），より正確にいえば，組織成長という言葉には，組織内部の発展の過程も含まれる。ただし，こうした内部要因の変化は，容易に測定できないため，組織規模の量的拡大を測定し組織成長を捉える。

2　営利企業のみに限らず，専門サービス産業や非営利部門などを含む一般の組織を指すため，以下では組織という表現を用いる。Penrose（1959）では，そのタイトルにあるように，firmという用語を用いており，第二版の翻訳では，「会社」成長の理論，第三版の翻訳では，「企業」成長の理論という訳語となっている。

3　後述するように，PSFsの戦略や経営管理に責任を負う上級の専門職である。業種によって異なるが，「パートナー」と呼ばれる場合が多い。パートナーの訳語として，「共同経営者」が用いられることがあるが，一般的に，PSFsでの共同経営者は専門職の資格を持つ者に限定される。実際には，事務所によってパートナーといっても様々に役割や報酬の受け取り方で違いがある。

4　PSFs領域の代表的な研究者の一人であるvon Nordenflycht（2010）は，(1) 高い知識集約性，(2) 少ない固定資産，(3) 専門化された労働力という三つの基準にして，専門サービス産業と関連する産業を四つに分類している。特許事務所は，以上の三つの基準が当てはまる古典的なPSFsである。

5　PartnershipとProfessionalのそれぞれの頭文字を取ってP2フォーム（型）と呼ばれている。

6　法律事務所で，所属弁理士が100名を超える事務所は，2005年3月末時点で，5件，2010年3月末時点で，7件であった。

7　あえて，それらを大きく分ければ，外部要因と内部要因に分かれている（Eckardt & Skaggs, 2018）。これまで，このような違いが解消され，統一的に説明されるというよりも，むしろ，それぞれの論者の立場から成長という問題にアプローチしている（Lockett et al., 2011）。これは，競争戦略論で見られるように，外部環境などの外部要因重視の立場（Porter, 1998）と，内部資源などの内部要因重視の立場（Barney & Hesterly, 2010）の違いとその後の研究蓄積の構造に類似している。それぞれ異なる説明を用いているが，それによって組織成長をより多面的に理解できるともいえる。

8　これらの論文中で，組織，主に会社を指す用語として，firmが用いられている。Penrose（1959）もfirmという単語を用いている。これらの研究では，firmは主として民間の営利企業が想定されている。

9　例えば，第三版の翻訳の第2章では，「民間企業が中心の産業経済では，企業が生産組織の基本単位である。経済活動の大部分が企業を経由して行われる。」(p. 31) とされており，民間部門が占める大きさのために，企業が分析の中心になっていることがうかがえる。このように，Penroseの理論は，大企業の成長を想定し，それを説明する理論であるとされているものの，小規模組織や設立初期のスタートアップの成長を説明するための理論としても用いられている（Garnsey, 1998; 加藤，2022）。

10　当然，このような前提に立たない研究や批判もある。例えば，法律事務所を分析したDaniels（1993）やPashigian（1977）は，組織成長は需要と供給の両面によって決まるとする。また，Geroski（2005）は経済学のいくつかのモデルを比較した結果，成長率はランダムであるとしている。Coad（2009）も，一つのみの理論で成長率を完全に説明できないとしている。さらに，三品（2022）は，Penroseが主たる理論を構築した時代では，現代に比較して成長機会に恵まれていたという時代背景を考慮すべきであるとしている。加えて，成長が競争優位や利益につながるかどうかという点も論じられていない点も課題である。平井（2012）が指摘するように，収益率の低下をもたらす問題については触れられていない。

11　本書でも関心があるのは，Penrose（1959）と同様に，成長したPSFsである。後述するように，日本の特許事務所でも，多くが小規模でありそのまま成長しない。一方で，大規模化したPSFsは，継続的に成長してきた結果である。

12　既存研究では，英米を中心とする欧米，かつ，大規模組織に偏っている（Eckardt & Skaggs, 2018; Skjølsvik et al, 2017）。日本は，欧米以外で100年を超える知的財産権法の運用実績を持つ。さらにいえば，2000年代の司法制度改革で企業向けの法律需要が増えたとされるが，大手の特許事務所は，それ以前から，伝統的に企業顧客向けにサービスを提供してきた。

13　顧客範囲の拡張では，Penrose（1959）のいう「経営者サービス」をより多く消費し，一方で，サービス範囲の拡張を通した成長では「経営者サービス」を節約しながら達成できるといえる。

14　Penroseの訳書では，例えば「主観的にイメージしうる市場環境下での生産的機会から生まれる」（末松，1980）のように表現されている。

15　当然に，すべての組織が量的拡大を目標に設定しているわけではないことは認めなければならない（Penrose, 1959; Storey, 1994）。また，量的拡大のみが組織の目標となるわけではないことも認める必要がある。組織規模の量的拡大は，組織の有効性を把握するための一側面に過ぎない（Richard et al., 2009）。

16　このような現実は，Penroseの理論が想定するような，組織の内部資源を起点にして成長が促されるとした説明とは異なる。確かに，設定された数値目標に促されることで，組織の内部資源の新たな使い途や余剰を発見するように努力を向けるということはあるだろう。しかし，経営者たちの時間と注意力が十分になければ，事前に設定された成長率あるいは量を達成できるとは限らない。

17　Penrose（1959）は，資源の使い途から成長が継続的に促されるとしており，与えられた数値目標によって促されるとはしていない。設定される数値目標には，自社の資源の裏付けを要する。成長率あるいは量の数値目標を先に設定してしまうと，その目標を達成するためにあらゆる方法が取られるであろう。場合によっては，社内の資源を用いた有機的成長が第一選択肢とならず，無機的成長が優先されることがあるであろうし，現有の資源からは達成不可能な近視眼的な成長戦略を立案し持続的成長を犠牲にすることもあり得る。例えば，Miniter（2002）ではこのような実例がいくつも挙げられている。

第1章
既存研究の検討

1. はじめに[1]

組織成長は学術的にも実務的にも重要なテーマであり，伝統的に取り組まれているテーマである。営利企業を対象とした組織成長のレビュー研究はすでに優れたものが多数出版されている（例えば，Davidsson and Wiklund, 2000; Davidsson et al., 2006; Delmar, 1997; Storey, 1994)。しかし，PSFsなどの営利企業以外の組織を対象とした組織成長の研究は限られている。そこで，この章ではPSFsに限定して整理したい。

PSFsが持つ特性のため，既存の製造業や一般的なサービス業の理論を転用しにくいとされていることから（Nachum, 1996)，PSFsの既存研究を通して，PSFsの成長についてすでに明らかになっていることを整理して示す。

2. 文献レビュー対象のためのPSFsの定義

最初の手順として，文献レビューの対象となる論文を選定するために，どの範囲のPSFsを含めるのかを決めなければならない。だが，PSFsの定義は困難であり（von Nordenflycht, 2010)，どの産業が定義に当てはまるのかを確定させる作業も困難である（von Nordenflycht, 2007)。このように，定義論のみに議論を集中しても，研究の入口で留まるのみで，レビューの作業に進むことができない。これでは，専門サービスとはなにかという「分類上の実りのない議論」(Grönroos, 1999; Netland & Alfnes, 2007）から進むことができなくなってしまう[2]。

本書では，サービスの分類についての議論は多くあることを認めるものの（Silvestro et al., 1992)，概念の定義についての討議に集中せず（Carper & Snizek, 1980)，論文の執筆者らがPSFsとして扱っているものとしている。

詳しくは後述するが，それらのPSFsの中には，既存研究でもPSFsとして扱われてきた，法律事務所や会計事務所などの伝統的PSFs，あるいは，経営コンサルティング会社，広告会社などの新興PSFsなどが含まれている。

3. PSFsの成長研究

3-1. 文献レビューの方法と対象

経営学研究の論文執筆プロセスで，研究方法と手続きの透明化が求められている（Aguinis et al., 2018）。このような透明化の要請は，既存研究のレビューに対しても当てはまる（Tranfield et al., 2003）。例えば，レビューの対象として取り上げる論文をどのように収集したのかについて，具体的な手順を明らかにすべきであるということである。これは，既存研究の主観的な排除や漏れを防止することにつながる。研究対象の選択と同じようなアナロジーで考えると，レビューの作成は，レビュー対象となる「サンプル」をどのように収集し，そのサンプルに対してどのような分析を施したのかという二つの過程からなる。

本書では，既存研究の抽出で，系統的レビューの方法論に倣った（David & Han, 2004; Newbert, 2007）。まず，レビューの対象の既存研究をどのように特定したのかを次節で述べる。これによって，他の研究者が同じ方法を用いれば，再現が可能である。

3-2. 先行研究の範囲

最初に既存研究のレビュー対象とする論文を特定した方法を述べる。本書では，Zupic & Čater, (2015) に倣い，対象となる論文を特定した[3]。

用いたデータベースは，Web of Science である。Social Sciences Citation Index（SSCI）の対象となる雑誌を選び，期間は1900～現在として指定）。Web of Science は，経営学領域の計量書誌学的レビューで最も頻繁に用いられている（Zupic & Čater, 2015）。

PSFsを対象にレビューを行ったSkjølsvik et al.（2017）に倣い，“Professional Service Firm*” あるいは “knowledge intensive service firm*” と成長を意味するgrow* とそれらの複数形も考慮して検索を行った（* は曖昧検

索を意味する)。

その結果，34 件の論文を特定した (2021 年 8 月 21 日時点)。これらの論文を 1 本ずつ人手で確認し，PSFs や組織成長と関係があるかを調べた。直接関係がないとした論文は，分析単位が国であるものや，当該論文では成長を扱っていないが，導入部分や産業コンテクストの説明，または，引用文献に成長を意味する題名が入っているものなどがあった (除外した論文はこの章の最後に示す)。結果として，34 本の論文のうち，11 本はテーマ外として判断した。

3-3. 既存研究の概要

定量的研究，定性的研究，概念的研究の三つに分けて，以下に整理する。研究手法の内訳は，12 本が定量的研究，9 本が定性的研究，2 本が概念的研究である。合計で 23 本である。

3-4. 定量研究

図表 1-1 に，PSFs と成長をテーマとする既存研究を一覧表として示す。論文の引用回数順に上から並べている。

図表 1-1 を左から順に説明する。

第一に，データの種類についてである。アーカイバルなデータセットを用いた研究が 6 本であり，定量的研究の半数を占める。その次に調査票が 5 本である。残りの 1 本がケーススタディである。

第二に，分析対象の国についてである。アメリカが 3 本であり最も多い。次にスウェーデンが 2 本である。これらの研究は，アーカイバルなデータセットを用いていることから，データが整っている国で分析が行われていることが分かる。

第三に，分析手法についてである。最も多いのが回帰分析であり 9 本が用いている。

第四に，分析対象の産業についてである。伝統的な PSFs，すなわち，法律事務所や会計事務所を対象とした研究と並んで，新興の PSFs，すなわち，建築，経営コンサルティング会社が分析対象となっている。

図表 1-1　定量研究を用いた PSFs の成長研究

番号	著者名と出版年	データセット	国	分析手法
1	Kor & Leblebici（2005）	アーカイバル	アメリカ	回帰分析
2	Brinckmann & Hoegl（2011）	調査票	ドイツ	回帰分析
3	Nachum & Song（2011）	アーカイバル	アメリカ	離散時間ハザードモデル
4	Masurel & van Montfort（2006）	調査票	オランダ	回帰分析
5	Wennberg et al.（2016）	アーカイバル	スウェーデン	回帰分析
6	Radulovich et al.（2018）	調査票	インド	構造方程式モデル
7	Ryzhkova（2015）	調査票	スウェーデン	回帰分析
8	Kunc（2008）	ケーススタディ	–	ケース，シミュレーション
9	Rogan & Mors（2017）	調査票	–	回帰分析
10	Alarcón et al.（2019）	アーカイバル	スペイン	回帰分析
11	Eckardt & Skaggs（2018）	アーカイバル	アメリカ	回帰分析
12	Freel et al.（2014）	アーカイバル	イギリス	回帰分析

出所：筆者作成。

Penrose の列は，当該論文が Penrose の企業成長の理論を引用する場合，YES としている。

産業	主要テーマ	Penrose
法律事務所	戦略的人的資産の配置・開発と多角化戦略（サービスや地理的な多角化）におけるトレードオフ	YES
1）ハイテク製品に特化していること 2）研究開発，生産，販売を自社で行っていること（商社は含めない） 3）2 人以上で設立され，主導していること	起業家チームのチームワーク能力と関係性能力が，新会社の発展（経営資源の成長（創業チームへのメンバーの追加），人的資源（雇用の成長），財務資源（収益の成長））に与える影響	YES
法律事務所	多国籍企業を相互に依存するサブユニットのポートフォリオとして概念化し，既存のポートフォリオとの関連でその成長軌跡に影響する要因は何かを明らかにすること	YES
建築事務所	専門的なサービスを提供する中小企業のライフサイクル（成長段階に応じた (1) 売上高の多角化，(2) 労働力の差別化，(3) 労働生産性の変化）	–
会計，法律，経営・技術コンサルティング，広告	ベンチャー企業の成長や撤退に関する意思決定がいつ，どのように行われるか	YES
コンピュータ・IT，コンサルティング建築エンジニアリング，医療など	「起業家志向，人的資本および関係資本」が，国際成果に与える影響	–
建設会社と IT/ ソフトウェア会社	顧客との協働のためのオンライン手法の使用が，企業のイノベーション成果に与える影響	–
社債の評価と格付けを行う会社	事業成長に合わせた最適な人員調達のためのシミュレーション	–
経営コンサルティング会社	シニアマネジャーの外部ネットワークの種類と探索行動	YES
電気通信，コンピュータサービスなど	企業のイノベーション成果（製品，プロセス，組織，マーケティング，企業にとっての新製品，市場にとっての新製品）の決定要因（企業の規模，市場シェア，グループ，協力，公的資金，輸出，人的資本，研究開発の強度，研究従業員）と，2008 年の経済危機の前後の期間における決定要因の変化の分析	–
会計事務所と法律事務所	サービスの多角化と売上成長率および 合併・買収の利用	–
技術系知識集約型ビジネスサービス	知識集約型企業のリスクキャピタルの需要	–

第五に，主要テーマについてである。図表中では簡単に説明しているが，これは次節で詳しく説明する。

最後に，Penrose の研究を引用しているかである。12 本のうち，Penrose を引用しているのは 5 本である。

3-5．定性研究

図表 1-2 に，PSFs と成長をテーマとする既存研究を一覧表として示す。論文の引用回数順に上から並べている。

図表 1-2 について順に説明する。

図表 1-2　定性研究を用いた PSFs の成長研究

番号	著者名と出版年	データ源	分析単位
1	Morgan & Quack (2005)	歴史的分析	組織
2	Segal-Horn & Dean (2011)	フィールド調査 (インタビュー，文献調査)	組織
3	Pickering (2017)	フィールド調査 (インタビュー，アーカイブ)	組織
4	Pantic-Dragisic & Söderlund (2020)	フィールド調査 (インタビュー，観察，文書)	個人・組織
5	Ferner et al. (1995)	ケーススタディ	組織
6	Bunz et al. (2017)	フィールド調査 (インタビュー，観察，文書)	組織

第一に，データについてである。インタビューを含むフィード調査を行った研究が 7 本であり最大数である。残りの 2 本が歴史的な分析やケーススタディに分類される。定性研究では，方法が示されているものの，十分に明らかにされていないものもある。だが，主としてインタビューを用いていることが共通している。

第二に，分析対象についてである。イギリスが 3 本であり最も多い。ただし，守秘義務のため具体的に分析対象国や対象が明らかにされていないことから，正確には分からない。

第三に，質的研究の方法論についてである。定量研究のそれと比較して多

国	質的研究の方法論	産業	主要テーマ	Penrose
イギリス，ドイツ	－	法律事務所	イギリスとドイツの法律事務所の国際化と国際化を通した成長の比較	－
イギリス	不明	法律事務所	少数の限られた大手法律事務所だけがなぜグローバル戦略を実施するのか	－
オーストラリア	GTA	会計事務所	大規模な上場 PSFs が，どのように小規模なパートナーシップ制の PSFs を統合していくのか	－
スカンジナビア諸国	シングルケーススタディ	技術・エンジニアリングコンサルティング企業	技術・エンジニアリングコンサルティング企業の性質と能力（何をしているのか，どのように機能しているのか）	YES
－	不明	会計事務所	パートナーシップ制で運営されている事務所は，組織の成長と国際化によって起こりうる，組織の調整と統合の問題をどのように対処するのか，その対処方法でどのような新たな問題を生じるのか	－
ドイツ	ケーススタディ	コミュニケーション・コンサルティング	国際ベンチャーが持続的成長を実現するための，経験学習のミクロ的な過程	－

（図表 1-2 つづき）

番号	著者名と出版年	データ源	分析単位
7	Miozzo et al. (2012)	フィールド調査 （インタビュー）	組織
8	Connaughton & Meikle (2013)	アーカイバルなど	産業
9	Beltagui et al. (2017)	フィールド調査 （インタビュー）	組織

出所：筆者作成。GTA：グラウンデッド・セオリー・アプローチ
4 番の論文のみ個人と組織を分析単位としている。それ以外は組織を分析単位とする。
Penrose の列は，当該論文が Penrose の企業成長の理論を引用する場合，YES としている。

様であることが明らかである。ケーススタディとされているのが 3 本であり最多数である。ただし 2 本は Yin の方法論を元に書かれているが（Yin, 2018)，1 本は別の立場から質的データを分析し書かれている[4]。

第四に，分析対象の産業についてである。産業は，定量研究のそれと類似している。すなわち，伝統的および新興の PSFs（von Nordenflycht, 2010）が多数を占めている。

第五に，主要テーマについてである。図表中では簡潔に説明しているが，次節でさらに詳しく内容を示す。

最後に，Penrose の研究を引用しているかについてである。9 本の論文のうち，Penrose を引用しているのは 2 本である。

3-6. 理論的研究

2 本のみであるため図表を用いずに整理する。いずれも理論開発を目的としている。それぞれ，パートナーシップ制による成長の制約について扱った論文（Guzak & Rasheed, 2014）と，企業の国際化に伴う人的・関係的資本の変化に関する理論を提示する論文（Brymer et al., 2020）である。このうち，Penrose を引用したのは 1 本のみである。

国	質的研究の方法論	産業	主要テーマ	Penrose
–	ケーススタディ	デザイン会社	知識集約型ビジネスサービス（KIBS）の大企業が成長を管理し，範囲の経済性を実現するためにどのように組織化しているのか	YES
イギリス	不明	建設 / 建築環境専門サービス会社	英国の建設 PSFs の歴史的変遷についての記述的分析	–
–	ナラティブメソッド	ウェブサイト・マーケティング会社	成長中の PSFs が直面する課題を明らかにし，解決策を提示すること	–

3-7. 小括

ここまでの議論で，定量研究，定性研究，理論的研究に分けて概要を確認した。その結果，既存研究では，PSFs の成長研究は様々なテーマを扱っていることが明らかになった。扱われているテーマが多様であるため，理論的な説明枠組みも多様であり，Penrose の成長理論に収束しているわけではないことが分かる。そうだとしても，定量研究を中心に 4 割程度の論文が Penrose に言及している。引用されている文脈は共通していないことに注意を要するものの，PSFs の組織成長を説明する際に Penrose の成長理論は一つの主要な理論であるといえよう。

4. 既存研究の検討

本節では図表 1-1 および図表 1-2 の論文の内容を 1 本ずつ説明する。以下では定量研究，定性研究，理論的研究に分けて順に検討する。なお，以下の論文の番号は，それぞれの図表中の番号と対応している。

4-1. 定量研究

先述したように，定量研究は 12 本である。

図表1-1の1番のKor & Leblebici（2005）は，米国の法律事務所を対象に成長戦略と成果の関係を分析している。具体的には，二つの成長戦略（人的資源のレバレッジ率[5]とサービス多角化）の同時の実行が，利益率を低下させてしまうことを明らかにしている。ただし，Kor & Leblebici（2005）は，被説明変数を利益率（パートナー1人当たりの年間利益で測定される）で測定しており，成長率を測定しているわけではない。直接的に被説明変数を成長率としていないが，成長戦略の実行で，異なる次元の戦略を管理する際に発生する複雑性に注意すべきであることを明らかにした研究である。

図表1-1の2番のBrinckmann & Hoegl（2011）は，組織成長を中心テーマとし，また，直接の被説明変数として扱った研究である。起業家チームの内部チームワーク能力と社外との関係能力が，新会社の発展にどのような影響を与えるかを検証したものである。技術ベースのベンチャー企業を対象にして，企業の発展を，三つの組織成長の指標を用いて多面的に操作化している[6]。分析の結果，創業チームの内部のチームワーク能力と対外的な関係能力が，異なる効果をもたらすことを明らかにした。創業チームの内部チームワーク能力は，創業メンバーの追加に負の関係を示し，売上と雇用の成長には影響を与えない。一方で，対外的な関係能力は，社外からの資源の獲得に有利に働くため，創業メンバーの増加や，売上・雇用の増加に関係することを明らかにしている。このように対内的，対外的な関係性能力を分けて効果の違いを明らかにしたことが貢献である。

図表1-1の3番のNachum & Song（2011）は，多国籍企業となった大規模な法律事務所が海外拠点を拡張あるいは撤退することを組織成長として捉えて研究を行っている。多国籍企業を相互に依存するサブユニット（海外拠点）のポートフォリオとして概念化し，既存のポートフォリオからの成長の軌跡を分析している。分析の結果，既存のポートフォリオとの適合性が，新規の拠点の設立，あるいは拠点からの撤退に影響することを明らかにした。組織の成長率を直接説明するものではないが，海外拠点の拡張や撤退は，組織成長の一側面であるため，組織成長の研究に貢献している。

図表1-1の4番のMasurel & van Montfort（2006）は，企業の成長段階の一般的なモデルを提示したGreiner（1972）を元に，PSFsのライフサイ

クルとその各段階で起こる変化を分析している。オランダの中小規模のPSFsを対象とした分析の結果，創業期，成長期，成熟期，衰退期という成長段階に応じて，(1) 売上高の多角化程度，(2) 労働力の差別化程度，(3) 労働生産性の水準が異なることを明らかにしている。ただし，この研究では，成長率を直接の被説明変数としていない。研究上の主たる関心は，企業の成長段階，成長過程とその現象の理解である。

図表 1-1 の 5 番の Wennberg et al. (2016) は，PSFs 分野のベンチャー企業の成長や撤退に関する意思決定がいつ，どのように行われるかを，明らかにしようとしている。この論文での関心は，起業家の参照点（リファレンス・ポイント）を考慮して意思決定のミクロ的基盤を提示することである。PSFs の中でも設立からの日が浅いベンチャー企業を対象とし，リスク選好が，企業年齢と規模に応じて変化することを理論化した。実証研究では，リスク選好が変化するため，ベンチャー企業の撤退確率と成長確率が，年齢と規模に応じて低下することを示している。この研究は，起業家が成長を選択するかどうかの過程を明らかにした点で，組織成長の研究に貢献している。

図表 1-1 の 6 番の Radulovich et al. (2018) は，インドの中小規模のPSFs を対象にした研究である。国際展開を成長として捉えており，その要因を明らかにしようとしている。具体的には，(1) 起業家志向性，(2) 人的資本，(3) 関係資本が，国際市場での成果に与える効果を分析した。実証分析では，いくつかの成果指標を組み合わせて用いており，その一つに成長が含まれている[7]。分析の結果，三つの要因が直接的に，国際市場での成果に正の影響を持つことが明らかになった。組織成長についていえば，これらの三つの要因が，国際市場での成長速度を加速させるということが分かった。

図表 1-1 の 7 番の Ryzhkova (2015) は，急成長企業を対象としている点，および成長の方策としてのイノベーションに焦点を当てている点で組織成長に関連している。急成長した企業（知識集約型のサービス産業に属するガゼル企業）を対象として，顧客との協働のためのオンライン手法の使用が，企業のイノベーション成果に正の関係があることを明らかにしている。

図表 1-1 の 8 番の Kunc (2008) は，特定の企業との共同研究を元にした論文である[8]。この企業の業務量に応じて必要となる専門職の人数とレバレッ

ジ比率をシミュレーションしている。この論文は，実務へのフィードバックに比重を置いた設計になっているが，理論的な示唆もある。それは，シミュレーション結果のフィードバックの過程で，実務家が組織成長が減速する理由を需要の変動などの外部要因に求めるのではなく，最適なレバレッジ比率が崩れるという内部要因にあることに気づいたことである。この論文はPenroseの成長理論を用いていないにもかかわらず，実務的な課題の解決を通してPenroseと類似した結論に至っている。

図表1-1の9番のRogan & Mors（2017）は，大規模な経営コンサルティング会社1社のマネジャーたちを対象にサーベイ調査を行っている。マネジャーの2種類の外部ネットワーク（企業に帰属するネットワークとマネジャー個人に帰属するネットワーク）が[9]，その個人の探索行動にどのような影響を与えるのかを分析したものである。この研究では，マネジャーの外部ネットワークによって，外部の事業機会やそれを活かす知識を得られるとしており，このような探索行動志向がPSFsの成長につながるという前提を置いて研究している。実証分析では，個々のマネジャーの探索行動を被説明変数としており，マネジャーの個人的なネットワークの方が探索行動に正の影響を持つことを明らかにしている。直接的に，組織成長を分析した研究ではないが，組織成長の要因となる探索行動をテーマにしたものである。

図表1-1の10番のAlarcón et al.（2019）は，知識集約型サービスを対象としておりPSFsはサンプルの一部である。イノベーション成果[10]の決定要因を被説明変数としているため，直接的に組織成長をテーマにしているわけではない。しかし，他の論文でも触れたように，イノベーションは組織成長のための手段であるため，成長研究の一部とした。実証分析の結果によると，他社との協力関係，研究開発強度，企業規模が，イノベーション成果の最も重要な決定要因であることが明らかになった。これらの要因は，産業間で影響度合いに違いがあるが，他の産業でも共通して観察される結果である。

図表1-1の11番のEckardt & Skaggs（2018）は，米国の会計事務所と法律事務所を対象として，PSFsの組織成長を主たるテーマとしている。成長手段としてのサービス多角化と組織成長の関係，および，サービス多角化と成長モードの選択（有機的成長とM&Aによる成長の選択）を分析した。

実証分析では，売上高成長率で組織成長を捉えており直接的に組織成長を扱った研究である。分析結果は，(1) サービス多角化によって組織内部コストが外部機会のメリットを上回り組織成長は低下すること，(2) その結果として M&A による成長を選択する傾向にあることが明らかになった。

図表 1-1 の 12 番の Freel et al. (2014) は，知識集約型サービス企業のリスクキャピタルの利用可能性が，イノベーションの実行に与える影響を明らかにしたものである。調査対象の全体では，イノベーションの阻害要因としてリスクキャピタルは認識されていないが，企業属性ごとに細かく見ていくと傾向は異なることが明らかになった。急成長している技術系の知識集約型企業では，リスクキャピタルが不足していると認識されており，イノベーションの阻害要因であると捉えられていること分かった。この論文も，組織成長を直接扱った研究ではないが，急成長企業を対象としており，成長の要因であるイノベーションを分析している点で，成長研究に貢献するものである。

4-2．定性研究

質的研究による PSFs の成長研究を以下に詳しく見ていく。ここで取り上げた既存研究では，組織成長を被説明変数のような結果として扱っているわけではなく，成長という規模の変化の過程を記述している。以下の 9 本が定性研究である。

図表 1-2 の 1 番目の Morgan & Quack (2005) の研究では，国際経営の文脈で組織成長を捉え，イギリスおよびドイツの法律事務所の長期的な国際化過程を分析している。組織成長は，時間軸を有する過程であるため，このような長期的な時間軸で組織の国際的な拡大を追跡することで成長過程を明らかにすることができる。分析の結果，イギリスとドイツでは，新たに需要が生まれた国際市場での法律サービスを獲得するために，それぞれ異なる方法，異なる時期で国際化に対応していったことが明らかになった。そこでは，自らの組織を国際化に合わせて変革するのみならず，法制度全体を再形成する働き方が行われていたことが明らかになっている。

図表 1-2 の 2 番目の Segal-Horn & Dean (2011) では，国際展開を組織成長として捉えている。一般的には，各国ごとに法制度が異なるため，法律

事務所の国際化は進まないと考えられてきた。ところが，現実には，ごく少数の大手法律事務所だけがグローバル戦略を実行している。これはなぜなのかを，イギリスの大規模法律事務所へのインタビューを通じて明らかにしている。調査の結果，国際化を推進または阻害する要因として，(1) 競争要因，(2) 市場要因，(3) コスト要因，(4) 政府・規制要因の四つがあることが明らかになった。阻害する要因を上回るだけの利点に見合う投資と能力開発が可能であるのは，限られた大規模法律事務所であり，これらの事務所が長期的に競争優位を確保するために先行して国際化を進めているという結論を出している。

図表 1-2 の 3 番目の Pickering (2017) は，直接的に成長をテーマにしているわけではないが，PSFs の合併後の統合過程を扱っている。成長研究の中で位置づけると，無機的成長（合併・買収による成長）を質的に分析している研究といえる。オーストラリアの二つの組織を比較することで，PSFs の統合方法の違いが，合併後の成果に違いを生むことを明らかにしている。具体的には，統合意思決定に上級の専門職がより参加度が高い方が，統合後の成果が高くなるとしている。

図表 1-2 の 4 番目の Pantic-Dragisic & Söderlund (2020) は，成長している技術・エンジニアリング企業がどのような能力を持っているのかを具体的に明らかにしたものである。単一事例研究を通して，(1) 人材の素早い移動を促進する能力，(2) 必要な知識を特定し必要な場合に必要な方法で移転する知識循環能力の二つを特定している。

図表 1-2 の 5 番目の Ferner et al. (1995) では，大手会計事務所を対象としたケーススタディを元に，パートナーシップ制で運営されている事務所が組織の成長および国際化で直面する課題とそれを克服する方法について書かれている。大手会計事務所は，各国のパートナーシップ制を基盤にした連邦制で運営されるため，官僚制や中央集権型の調整機構が存在しない。このような組織体制のまま，組織成長が進んでいくにもかかわらず，どのように国内外の活動を調整しているのかを明らかにしようとしている。ケースの分析の結果[11]，パートナーシップ制は限界を抱えているにもかかわらず，専門家の共通の文化基盤や各国パートナーが参加する委員会組織などによって調

整・統合されていることが示されている。

図表 1-2 の 6 番目の Bunz et al.（2017）は，国際的に成長している PSFs を分析対象に選び，国際化の過程でどのように経験学習が進むかを分析している。具体的には，1 社についてのケーススタディを通して，(1) 専門サービスを提供する国際ベンチャー企業が，各国に参入する過程を通じて，国際化に必要な人材要件の基準を策定し，修正し，確定するという経験学習のミクロ過程と，(2) 人材基準の確立がその後の参入国の選択と国際化にどのように影響するかを明らかにしている。結論として，(1) 国際化に必要な人材基準を持つことが学習するための出発点になること，そして，(2) その基準を開発するために必要な学習を起こすには，継続的な反省，批判的評価，基準の調整，許容可能な失敗が必要であるとしている。

図表 1-2 の 7 番の Miozzo et al.（2012）は，PSFs の組織成長と規模の経済および範囲の経済の実現方法を明らかにしている。理論的サンプリングによって，3 社のデザイン会社を選定し，それらを対象としたケーススタディを用いて，以下の四つの特徴を持つ複数ユニットのスキル制度があることを明らかにしている[12]。(1) ビジネスユニット間の役割を重複させている，(2) 複数のビジネスユニットが顧客からのプロジェクトに参加できるような組織ルーティンを開発している，(3) 各ビジネスユニットを超えて顧客とプロジェクトを選択する担当者がいる，(4) 専門的で独自性を持つ新しいビジネスユニットを設立する，である。

図表 1-2 の 8 番の Connaughton & Meikle（2013）では，建設 PSFs の歴史的変遷の記述的分析を行っている[13]。産業レベルの視点で過去 25 年間の長期間にわたる変化を整理している研究であり，(1) PSFs の所有権，(2) 規模，組織，統治，(3) サービスと地理的多角化の変化をまとめている。公開情報を元にした記述統計を元に，(1) パートナーシップが減少傾向にあること，(2) 伝統的な P2 型以外の組織構成（configuration）が増えていること，(3) サービスと地理的な多角化が進んでいることを明らかにしている。

図表 1-2 の 9 番目の Beltagui et al.（2017）は，PSFs の課題（高い自律性を求める専門職の管理，品質管理の困難さ，標準化の欠如）を解決するための方法を提案するために，成長している PSFs を対象として研究を行って

いる。経営者の交代と組織成長の過程で起こる変化が，創業者，新たな経営者，従業員のそれぞれの立場によってどのように捉えられているのかをナラティブ法によって明らかにしている。分析の結果，成長過程にあるPSFsの特有の課題を解決するためには，構成員間で共有されたサービスコンセプトを形成することが有用であることを提示している。

4-3. 理論的研究

理論的研究は以下の2本である。

Guzak & Rasheed（2014）は，ガバナンスと組織成長を扱っている。具体的には，PSFsに広く採用されているパートナーシップ制が組織成長を制限する理由を理論的に明らかにしている。パートナーシップ制は，PSFsに適合した統治構造であるが，必然的に組織の規模を制限し，多角化，評判，資源の制約があることで成長が抑制されるため，成長を回避するようなメカニズムを組み込んでいるとしている。

Brymer et al.（2020）は，国際的な事業拡張という意味での組織成長を扱っている。国際化を通した成長（企業の範囲の拡張）によって，構成員の持つ資源（人的資本および関係資本）が変化するメカニズムを理論的に説明したものである。既存研究は，資源が国際化の意思決定に影響を与えることを指摘してきたが，国際化が資源に与える影響を無視してきた。この研究が示した枠組みでは，戦略と資源の影響は双方向であり，国際化と構成員の移動可能性が，構成員の持つ資源を変化させることを示している。PSFsでは，専門知識などの資源は構成員側が保有しており，かつ，構成員の企業間移動可能性が高いという特性がある。企業が，現在の資源を利用して国際化を進めると，結果として資源の価値を高める。具体的に言えば，国際化を進めると構成員個人の人的資本や関係資本が高まる。それによって個人の移動可能性を高めてしまい，場合によっては退職する可能性を高める。このように，PSFsでは国際化と資源の価値は，資源を保有している構成員の移動性によって変化しうることを理論的に説明している。

4-4. 明らかになったこと

PSFs の成長の既存研究をレビューしたことで以下のことが明らかになった。

第一に，PSFs の成長研究は，量的に少ないことが分かる。既存研究は組織成長が取り上げられてこなかったと指摘していたが（Daniels, 1993; Eckardt & Skaggs, 2018），このレビューでもそれが支持された。営利企業を対象とした研究では，Wiklund et al.（2009）などのように，すでにレビュー研究でいくつかの要因や系統に整理ができる程度に定量研究が蓄積されているが，一方で，PSFs の組織成長を直接扱った研究は例外的である（Brinckmann & Hoegl, 2011; Eckardt & Skaggs, 2018）。

第二に，営利企業を対象とした既存研究と同じように，組織成長は様々な理論で説明されていることが明らかになった。言い換えれば，統一的な理論として，Penrose（1959, 1980, 1995）の企業成長の理論を用いて説明しているわけではないことが明らかになった。

第三に，成長企業の選択や，成長の段階，依拠する理論が様々であることが分かる。研究によって組織成長のどこに焦点を当てているのかが異なる。既存研究を大きく分ければ，(1) 成長要因に注目したもの，あるいは，(2) 成長過程を説明することに注力するもの，(3) それ以外を論じるものとなる。それぞれの目的に応じて，法則定立的なアプローチから当事者の内的世界を理解する主観的アプローチまで様々な立場と方法論で研究が取り組まれている。

第四に，分析レベルが，個人，組織，産業など複数に渡ることである。この点は，第二および第三点目と関係している。分析レベルの設定は，研究者が，成長の要因をどこに，そして，どの過程に求めているのかと不可分である。このような焦点の違いによって，研究者がそれぞれの分析レベルを選択している。

以上のように，PSFs の成長研究は多様であるが，量的に十分に蓄積されていないため，体系的に位置づけを示すことができる段階ではない。これは，営利企業，特に，ベンチャー企業や，中小企業の成長を扱った研究と比べると対照的である。

5. 残された課題と本書のアプローチ

PSFsの成長研究では，主要な理論枠組みが確認されなかったため，まずは本書がどのような理論を用いるのかを述べておく。序章で触れたように，本書は，Penroseの組織成長の理論的枠組みを用いて，PSFsの成長，つまり成長率あるいは量を説明するものである。Penroseを用いる理由は，成長理論における影響力の大きさによる。主に営利企業を対象とした既存研究を分析した計量書誌学的研究によるとPenroseの研究が成長研究の中で最も引用されているとされる（Zupic & Drnovsek, 2014）。

Penroseの成長理論では，事業の拡張を計画し実行する主体は，経営者[14]のチームである。どの程度の成長が可能かを決めるのは，ある時点で，経営者が成長の計画や実行に利用可能な時間や注意力であり（Kor & Leblebici, 2005），これらは経営者サービスと呼ばれる（Tan et al., 2020）。言い換えれば，経営者サービスによって，組織成長が可能になり，ある時点での経営者サービスの量によって，成長率の上限が決まる。重要なことであるため繰り返すが，ここでの焦点は，ある時点の成長率であり，組織規模ではない。経営者サービスの量によって，成長率がどのように影響されるかに関心がある。

ただし，Penroseの研究では，大規模製造業を想定しているため，経営者のチームである管理組織の実態は複雑である。例えば，多くの大規模製造業では，経営者チーム（経営陣）がどのように構成され，どのように調整し，機能しているのかは研究者が十分に把握することは難しい。Penroseは経営学や戦略論領域での貢献を目指していたためではなかったので（Augier & Teece, 2007），具体的に，経営者サービスがどのような階層で，誰によって提供されているのかを提示していない。Penroseの著作の鍵概念である経営者サービスが理解しにくいのは（高橋, 2002），Penrose自身が深い考察を行っていないことにあるとされている（Mohr et al., 2018）。Penroseは，経済学の領域で，企業成長を説明するための理論的説明を提供しているため，個別具体的な企業内部の経営者の行動まで詳細に説明していないことは自然なことである。

このような個別具体的な経営者の行動について理解を深めるための学問領

域は経営学である。だが，経営学者にとっても，経営者の行動については，十分に理解が深まっているとはいえない。実際に，経営者の仕事（マネジャーの仕事，managerial work）についての理解が進んでいないためである（Mintzberg, 1975; Tengblad, 2006）。そして，経営者がどのように経営者サービスを提供しているのかについても理解が深まっているとはいえない。

本書では，PSFs の特徴に着目して，経営者サービスが誰によって，どのように提供されているのか，そして，どのように組織成長に影響するのかをより明確化して理論を展開する。第一に，PSFs では，大規模製造業と比較すると，少数の専門職によって組織が構成されており（Maister, 1993），単純な組織構造である。従って，誰が経営者サービスを提供するのかが見えやすい構造になっている。第二に，PSFs では，主要な資源は専門職人材とその専門知識であり（Hitt et al., 2006; Pinnington & Sandberg, 2014），専門知識を使って収益を上げる仕組みは，専門職の稼働時間と強く結びついている（Alvehus & Spicer, 2012; Campbell & Charlesworth, 2012）。従って，専門職がどのように時間を使って経営者サービスを提供するのかが見えやすい[15]。このような特徴を念頭において，以下でさらに詳しく説明する。

5-1．誰が経営者サービスを提供するのか

一般に，PSFs は，図表 1-3 のように，専門職の経験と能力に合わせていくつかの階層に分かれている[16]。このような組織特性のため，PSFs では，経営者サービスがどこの階層で，どの専門職によって提供されるのかを把握しやすい。

具体的にいえば，PSFs において，主に組織全体の経営やマネジメントに責任を負っているのは，経験年数の長い上級の専門職「パートナー」である（Maister, 1993）。パートナーレベルの専門職は，営利企業との対応関係では経営者（管理者，マネジャー）であり（Kim et al., 2016），事務所の経営に責任を持ち，成長のために外部機会を発見し，成長を計画し，実行する[17]。つまり，PSFs の文脈では，経営者サービスを提供するのは，主にパートナーレベルの専門職のチームである。

図表 1-3　PSFs における専門職の構成

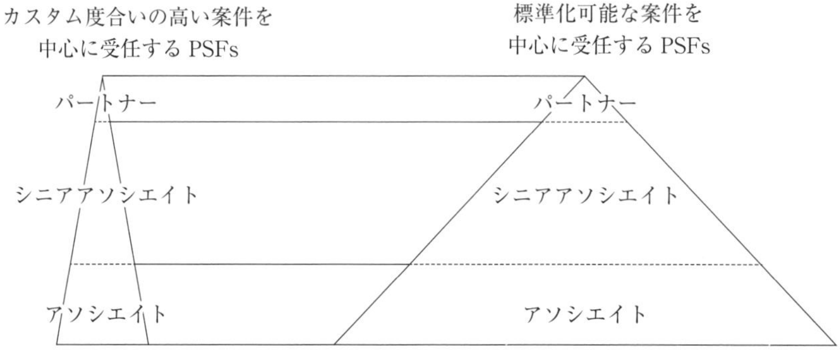

出所：既存研究（Kim et al., 2016; Kor & Leblebici, 2005; Maister, 1993; Wasserman, 2008）を参考に筆者作成。

ただし，成長戦略の立案や実行は，パートナーのみが実行するのではない。このような経営者サービスの中でも，比較的容易な業務は分解することで一部をシニアアソシエイトやアソシエイトに任せることができる（Kim et al., 2016）[18]。つまり，組織内分業（Liu, 2006）によって，パートナーが監督することで，アソシエイトとともに実行されるのである[19]。このように，パートナーとアソシエイトは協働して仕事を進めるため[20]，アソシエイトも経営者サービスを部分的に提供し，パートナーの仕事を補助していることになる[21]。

パートナーとアソシエイトは，同じ事務所で働く経験を蓄積して，個々人やチームの特性をよく知ることで仕事の割り当て方，時間の使い方をより効果的，効率的に行えるようになる。以上をまとめると，PSFs では，パートナーたちを中心に，それを補佐するアソシエイト達が，専門知識という経営資源を管理する経営者チームとして機能するようになり，経営者サービスを提供するようになる[22]。

5-2. どのように経営者サービスを提供するのか

前節の議論を踏まえて，どのように経営者サービスが提供されるのかを考える。経営者サービスはパートナーとアソシエイトが，その時間の一部を使って提供するということになる。つまり，経営者サービスが，どのように提供されるかは，パートナーとアソシエイトの時間の使い方に依存しているため，時間の使い方を詳しく見なければならない。ただし，経営者の仕事（managerial work）には様々な役割と活動が含まれており（Mintzberg, 1973）[23]，単純には時間配分を分類できない[24]。このような限界を認めながらも，既存研究の PSFs の特性を踏まえて，図表 1-4 にパートナーとアソシエイトの時間の使い方を示す（Maister, 1993）。

まず，パートナーの時間は，顧客へサービスを提供するオペレーションの時間，そして，アソシエイトを教育する時間，経営管理などの組織を運営するための時間，業界団体での仕事や社会貢献といったその他の時間などで構成される（Maister, 1993）。このうち，Penrose の概念の経営者サービスに当てはまるのは，成長の計画や実行に関わる活動に回される時間である[25]。例えば，成長の計画や実行のために，顧客を探索したり，サービス範囲を拡張することが含まれる。さらに，成長計画と実行に合わせるように，組織内部の調整を行う活動も含まれる。例えば，新規顧客やサービスに合わせて，サービスのオペレーションを変更したり，アソシエイトを再教育すること，そして，それらに伴う事務所全体の問題を対処することが含まれる。こうした，経営・組織管理の活動に割かれる時間が経営者サービスの提供のための時間である。

一方で，アソシエイトは，多くの時間をサービスのオペレーションに投入している（Maister, 1993）。これは，特に顧客への専門サービス提供のう

図表 1-4　専門職の時間の使い方

パートナーの例

サービスのオペレーションの時間 （顧客への請求可能な時間）	アソシエイトの 教育時間	経営・組織管理の 時間	その他

アソシエイトの例

サービスのオペレーションの時間 （顧客への請求可能な時間）	その他

出所：筆者作成。
　　　個別具体的には時間配分にばらつきがあることに注意を要する。

ち，比較的容易な部分をパートナーから任されるためである。アソシエイトのその他の時間は，自己研鑽や雑務といったものが含まれる。アソシエイトの時間のうち，Penroseの概念の経営者サービスの提供に当てはまるのは，パートナーから部分的に委譲された成長の計画や実行に関わる活動に回される時間である。具体的には，前段で述べたパートナーの業務の一部を補佐する時間である。

以上をまとめれば，パートナーとアソシエイトの時間の中から，経営者サービスを提供するための時間が割り当てられることで，成長計画の立案と実行のための経営者サービスが提供されることになる。経営者サービスは，時間と独立に存在するものではなく，ある時点のパートナーとアソシエイトの時間と結びついているのである[26]。

5-3．なぜ専門職の時間が組織成長に影響するのか

前節での議論を前提とすると，なぜ専門職の時間が，組織成長に影響するのかは明らかである。PSFsの文脈では，一般にパートナーとアソシエイトが顧客に請求する時間に応じて収益が決定される（Campbell & Charlesworth, 2012; Maister, 1993）。ただし，これは現時点での売上高（収益）を決定するものであり，将来の成長のためには成長計画を立てて実行しなければならない。そして，成長戦略の立案のためには，そのための時間を確保する必要がある。

通常，PSFsは，パートナーやアソシエイトといった専門職の時間を，最大限に活用できるように配分しているため（Alvehus & Spicer, 2012; Maister, 1993），経営者サービスに割り当てる時間を捻出するのは容易ではない。このように全体の利用可能な時間が限られており，かつ，所与の時間配分が決められているため，ある時点で，経営者サービスに投入することができる時間には限りがある。このように経営者サービスはその時点での時間と強く結びつけられているため，容易に枯渇してしまう。これが，専門職の時間が組織成長を制限する理由である。

このとき，経営者サービスを提供する時間を増やすために，パートナーとアソシエイトは，次の四つの方策を採ることができる。(1) 総労働時間を延

長する，(2) 時間配分を再調整し経営者サービス以外に結びついている時間を削る，(3) 業務の一部をより下位の専門職に委任する，(4) 業務の一部を後回しにするといった方策である。このような方策によって，所与に割り当てられている他の業務に支障がないように調整し，経営者サービスを提供する時間を確保していけば組織の成長を制限することはなくなる[27]。つまり，新規の活動に対処するために必要な時間を十分に確保できるかどうかによって，経営者サービスが枯渇するかどうかが決まる。組織成長を実現する行動は，既存のルーティンの活用ではなく新規性が高いため，実行過程で発生する様々な複雑性に対処しなければならない (Mishina et al., 2004)。すでにプロセスが確立した活動よりも，多くの時間を消費し続ける可能性がある。

以上をまとめると，パートナーとアソシエイトの利用可能な時間と時間配分によって，組織成長が規定される。このような PSFs における専門職の時間の使い方と分業を踏まえて，第4章および第5章では具体的に仮説を展開する。

5-4. 小括

ここまでの議論をまとめる。

本書における分析の理論的基盤は，Penrose にあり，組織内部条件が組織成長を決めることを前提として出発する。その上で，組織成長の計画の立案と実行が，パートナーとアソシエイトという具体的な専門職の組織内分業によって進められるということに着目して，よりミクロなレベルで理論を展開する。さらに，本書では専門職の主たる収益化手段である時間に注目し (Campbell & Charlesworth, 2012; Maister, 1993)，経営者サービスを提供するために投入される時間を基準にした説明を行う。このように理論を展開することで，Penrose は，組織成長を規定する要因を「経営者サービス」と一括りにしたが，経営者サービスを，誰が担い，どのように発揮されるのかがより詳しく把握できるようになる。

6. 補足：除外した論文

検索結果で得られた論文は，1本ずつ目を通し，組織成長に関連性が薄いものは除外した。除外基準を示すことは，透明性を高めるため以下に示す。

（1）分析レベルの違いによる除外：国を分析単位にしているもの。例えば，Javalgi et al.,（2011）や Macve（2020）である。

（2）分析対象の違いによる除外：原則的には，論文の著者らが自ら PSFs と呼んでいるものは，PSFs であると捉えるようにしたが，次の産業は PSFs の既存研究で範囲内に含まれたことがないので除外している。例えば，太陽光発電産業（Liu, 2017），ビジネススクール（Davies & Thomas, 2009）である。

（3）論文内容による除外：当該論文の引用文献に成長研究が引用されているのみで，当該研究では成長を論じていない論文も除外した。例えば，Haynes et al.（2015）である。

〈注〉

1　本章の方法論については，流通科学大学の柿沼英樹先生に様々なご助言をいただいた。ここに記して感謝する。

2　この点に関連して，そもそも PSFs を構成する専門職の定義についても様々な立場があり定義論で留まりがちである問題点が指摘されている。日本においても，例えば，草野（2015）は，中野（1981）や藤本（2002）に依拠しながら，この問題を指摘している。本書でも，専門職の定義論には立ち入らない。例えば，研究者間での完全な合意はないが，専門職の定義として，竹内（1971），太田（1993），あるいは，藤本（2002）などが参考になる（草野 , 2015）。

3　営利企業を対象として成長研究を行った Delmar（1997）は，次のようにレビュー論文の選定基準を設定している。「（a）実証研究であること，（b）成長を従属変数として含んでいること，（c）サンプルが中小企業や新規起業家から構成されていること」である。この三つの条件で制限すると，該当する論文が 1 本になった。そこで，本書では，（c）のみ，すなわち，サンプルのみを制限し，条件を PSFs のみとしている。

4　具体的には，4 番の論文で，Braun & Clarke,（2006）と Guest et al.,（2012）である。Yin の論文を引用しているが質的データの分析方法は異なる。

5　レバレッジ率とは，若手，中堅，上級スタッフの比率である（Kor & Leblebici, 2005; Kunc, 2008; Maister, 1993）。操作化は，上級スタッフであるパートナーの数をすべての専門職人員数で除したものである（Greenwood et al., 2005; Kim et al., 2016）。PSFs に特有の組織特性を指す用語である。

6　（1）経営者資源（創業チームへのメンバーの追加），（2）人的資源（雇用成長），（3）財務資源（収益成長）である。経営者資源の原語は，managerial resources である。経営者資源 managerial resources と経営者サービス managerial services の違いは次のようになっている。つまり，経営者とそのチーム自体が資源であり，彼らから情報処理と意思決定として引き出されたものが経営者サービスである（Hutzschenreuter & Horstkotte, 2013; Kor & Mahoney, 2000）。

7　これは，「国際売上高の成長速度」であり，国際的な活動を開始して以来の競合他社と比較した速度をリッカートの７件法で測定している。

8　この論文を定量研究に分類しているが，特定の企業の事例研究として捉えることもできるであろう。

9　理論的にはこのように２種類に分けられるが，論文中の実証分析の質問項目では，５段階の連続的なリッカート尺度で測定している。

10　この論文では，製品，プロセス，組織，マーケティング，企業にとっての新製品，市場にとっての新製品，の六つの点を測定している。

11　ただし，ケーススタディで得られたデータをどのように分析したのかについて具体的な方法は記述されていない。

12　Eisenhardt（1989）に従ってインタビューなどのデータの内容分析を行っている。

13　記述統計を用いているが，個別の業界の変遷について記述的に書かれているため定性研究に分類した。

14　ここでは Penrose の翻訳書に従い経営者としたが，管理者あるいはマネジャーと互換的に用いている（以降も同じ）。

15　経営者サービスは，時間と認知資源（労力や注意力）の関数であるが，認知資源を使うには時間を要する。そこで，以下では単純化して時間のみに注目して説明する。

16　ここでは，簡素化して三つの階層を示している。組織によってはより簡素な階層を持つ場合もあるし（例えば，パートナーとアソシエイトのみ），あるいは，より多くの階層に分かれている場合もある。この図表には，専門職以外の一般的な補助者である事務職を入れていない。組織内の専門職や補助者のカテゴリーは，米国の法律事務所でも多様化しているとされていることに注意を要する（Gilson & Mnookin, 1985, 1989）。

17　一般に，PSFs は，専門職同士のパートナーシップによって運営されているため（Pinnington & Morris, 1996），大規模な営利企業で見られるような専門経営者（Chandler, 1977）がいるわけではない。また，パートナーを育成することは時間がかかるため（Morris & Pinnington, 1998），経営者サービスは急速に増やすことはできない。

18　以下では，簡略化のためにシニアアソシエイトとアソシエイトを合わせてアソシエイトとして表現する。

19　米国以外の法律事務所や企業法務を事業領域としない法律事務所が，この方法と全く同じ方法を用いているわけではないが（例えば，Aronson, 2012），ここでの主たる論点は，専門職の間で組織内分業がなされているという点である。例えば，日本の特許事務所の文脈で，木村ほか（2005）は，弁理士と特許技術者および特許翻訳者といった技術系専門職以外の事務補佐の担当者を「IP パラリーガル」と呼んでいる。PSFs で共通の業務特性は，専門知識を，顧客の課題に応じて応用して，問題を解決することであり，この業務特性の結果，類似した組織内分業の方法を用いている。

20　このような実態を踏まえると，パートナーとアソシエイトは厳格な階層性があるわけではなく連続的であるといえる（Phillips, 2001）。経営者サービスの提供は，より複雑で難易度の高い仕事であり，アソシエイトはパートナーとの協働を通して少しずつ習得していくことで，事務所の経営を担うパートナーに昇進する。

21　この点は営利企業も同様であり，トップマネジメントだけではなく，ミドルマネジメント，現場のマネジャーも経営者サービスを部分的に発揮している（Chen et al., 2019）。

22 Penrose（1959）は，資源の使い方に習熟することで，資源から成長に向けるサービスを引き出すとしている。この考え方を，PSFsの文脈に引き寄せると，社内の個々の専門職の働き方や適材適所（Slater, 1980）を理解していくことで成長に向けたサービスを引き出せるようになるといえる。

23 パートナーは，経営者（管理者）でもあり多数の活動に責任を負っている。図表1-4では，簡略化して示しており経営・組織管理の時間としているが，ここには，様々な活動が含まれている。例えば，Mintzberg（1973）は，経営者（管理者）の10個の役割を提示しており，こうした役割は様々な産業の，様々な規模の，経営者（管理者）に共通するとされている（Mintzberg, 2009）。

24 ある活動をどの時間として分類するかについては議論が残る（Tengblad, 2006）。同じ活動が観察されても，それをどの機能に分類するかについては特定しにくいことがある。

25 パートナーは，一般に，事務所の運営にかかる費用，アソシエイトへの人件費（固定給）を支払った後の利益を受け取る権利があるため，成長戦略の立案と実行，具体的には，新規顧客開拓や関係維持，組織体制の構築といったよりリスクが高い，成文化しにくい仕事に時間を回すことができる。一方で，アソシエイトは，特許明細書の作成といったオペレーションに時間を回す。これらは成文化しやすくリスクが低い業務である。

26 具体的に考えると，成長戦略の立案や実行は，経営陣の中の誰か1人の頭の中の構想で完結するものではない。例えば，その構想が誰かに向けて語られたり，誰かと話し合うことで調整する過程が必要である。この過程では時間軸が含まれる。経営者サービスが提供されているという状態は，成長計画や実行に関与する構成員に働きかけるという時間軸の中で展開される具体的な行為を含む。

27 ただし，実際には，例えば（2）のように他の業務に回す時間を削減することで，他の業務で問題が発生するであろう（Gary, 2005; Hutzschenreuter & Horstkotte, 2013）。現行のサービスオペレーションや組織体制に問題が起こった場合に，主体となって対処するのは，パートナーであるから，かえってパートナーの利用可能な時間が減ってしまうこともある。

第2章
産業コンテクスト

本章では特許事務所や弁理士について産業コンテクストを説明する。

1．日本の特許事務所と弁理士の仕事

最初に特許事務所の仕事や所属する弁理士の職務内容について説明する[1]。知的財産権についての法律は，属地主義により国内法が優先されるため，以下は日本の特許事務所と弁理士についての説明である[2]。

1-1．出願の代理業務とは

出願の代理とは，特許を取得するために必要な出願という業務を出願人（特許権者になるもの）に代わって行うことである[3]。権利を受けようとする者が自らの手で出願することも法的に認められている。つまり，事業会社や研究機関は自社の研究開発で得られた発明の権利を得るために，特許の出願を自ら行うことは可能である。ではなぜ，それらの代理業務が見られるのだろうか。

特許の出願には，要件を満たした文書を作成するために専門家の能力を必要とする[4]。それは，一般的に見られる代行業ではない。顧客は行政向けの文書作成を特許事務所や弁理士にアウトソーシングしているだけのように思われることもあるが，これは不正確である。例えば，荒井（2006）は，「弁理士は代書人ではない」と指摘している。

発明の権利を得るためには，その発明の技術的な新規性や進歩性を示した文書として特許明細書[5]を作成し，特許庁に提出しなければならない。このプロセスでは，特許明細書に発明を文書で過不足なく表現し，技術を記述する文書能力が必要である。これを実現するために，弁護士や弁理士の法律家の文書は独特の作法がある。よって，出願人である企業や研究機関は自らが

出願を行うよりも，弁理士などの代理人に出願書類の作成を依頼する。

特許の場合には，特許法の知識だけではなく，その発明を特許明細書という文書に的確に表現するために，技術的な知識がなければならない[6]。技術的な知識によってその発明の本質的な意義を理解し，それまでにあった先行技術とはどこが異なるのかをつかむ必要がある。その上で，審査官に対して新規性と進歩性があると判断されるような特許明細書を作らなければならない。

特許明細書の作成能力には，代理機関や代理人の間によって差があることが分かっている（Somaya et al., 2007; Süzeroğlu-Melchiors et al., 2017）。このため，依頼主側の企業や研究機関はできるだけ，良い特許事務所や弁理士を選びたいと考える。それは自動車産業でのアセンブラーとサプライヤー関係と同じような論理であり，代理人の選定のマネジメント自体が戦略的課題になるほどである（犬塚，2009）。

1-2．特許事務所と弁理士の能力

先述したように，特許明細書の作成能力は代理人の能力によってかなりの違いがある[7]。具体的には後述するように，特許明細書を作成する際のクレーム[8]の書き方，中間処理の対応，審査官との面談などがノウハウである（伊東・伊東国際特許事務所，2004）。

特許明細書の質は，登録された特許がどの程度，ビジネスを競合に比較して有利に進められるのかを左右する。特許明細書の質が高いかどうかということは，ライセンス契約や特許権侵害に対処する場合に明らかになる（伊東・伊東国際特許事務所，2004）。このように特許は中長期的に，知的財産戦略ひいては企業の戦略にも影響する（鮫島，2014; 鮫島・小林，2016）。

これまで経営学的にほとんど検討されてこなかったが，特許事務所の組織レベルで求められている能力は以下の点である[9]。

第一に，質の高い明細書が作成できることである。特許の質はそれを実施する場合や他社へライセンスする場合に問題になる。特許に欠陥があれば，特許の無効を求める訴訟につながることや他社に参入を許してしまうこと，あるいは，他社とのライセンス契約の金額交渉で譲歩することもある。よって，特許事務所は質の高い弁理士を引き寄せなければならないし，また，弁理士の能力を高める制度が必要である。さらに，弁理士をサポートする特許技術者，特許翻訳者や事務所員の質も向上させる必要がある。

第二に，企業の特許明細書作成プロセスの工数を減らすことである。これは，企業が特許事務所側に発明者への聞き取り調査やその後の作業を委任することである。年間に数千件の特許を出願する企業では，すべての発明を自社内部の知財部門の担当者が聞き取り調査できない。一般に，社内の発明は公式の報告制度によって上げられてくるが，それを文書として出願できるような特許明細書に表現するには発明者に面会し聞き取り調査を行う必要がある。こうしたプロセスを受任して特許事務所や弁理士が効率的に行う。

第三に，企業が自社だけでは特許取得・権利化が難しい案件も対応できることである。新規事業に取り組む企業は，それまでの技術ドメインに必ずしも入りきらないものがあるため，特許事務所側の広範囲の仕事を引き受けられる能力も重要である。こうした案件を受けて，特許事務所は適切な専門職に仕事を割り振る必要がある[10]。

特許事務所と弁理士は，多くの場合，出願と中間処理までの仕事を担当するため，それよりも後工程のライセンス契約や係争，事業化までに直接関わるわけではない。だが，前工程で作成される特許明細書の質は後工程にも影響するため，知財戦略立案の基盤となる重要な仕事である。

1-3. 特許事務所と弁理士を取り巻くアクター

次に，出願プロセス全体を確認するために，依頼主と代理人以外の関係，つまり，発注側の組織と受注側の事務所以外の関係にも広げてみておきたい。発明が生み出されて，それが特許庁へ出願され，審査されるまでの一連の流れの順で見ていこう。

図表2-1に代表的なアクターを示す。企業や研究機関の発明者，知財部門の担当者，特許庁の審査官，弁護士である[11]。

(1) 発明者

企業あるいは研究機関で働く研究者であり，発明をした者である。一般に

図表 2-1　特許事務所・弁理士を取り巻くアクター

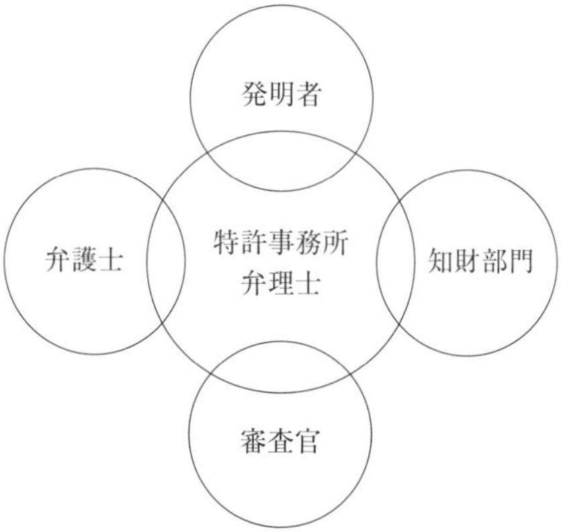

出所：筆者作成。

職務発明に該当し，発明の権利者は企業や研究機関である。

発明をしただけで自動的に保護されないため，特許を出願しなければならない。この際に，発明をそのまま写したレポートでは出願できないから，特許明細書として整理する必要がある。弁理士は発明者から発明についての聞き取り調査を行って発明をどのように特許明細書の上で表現して権利化するかを具体化する[12]。

(2) 知財部門の担当者

知財部門の担当者は発明者と比較して様々な活動をカバーしなければならない。一般的にはいくつかの部門にさらに分かれている[13]。出願を担当する部門では，(1) 出願するか権利化するかといった知財戦略や全社戦略との整合性と出願対象となる特許との関係性を検討し，(2) 発明の内容を踏まえて依頼先の特許事務所や弁理士の選定を行う。大手企業であればすでに取引のある特許事務所の候補があるため，これまでの仕事の内容を吟味した上で，専門技術ごとに強い事務所を選定して依頼する。

企業によるが，特許明細書は社内で，部分的に原稿を完成させてしまう場合もある。その場合，研究所の特許担当者や知財部門担当者がある程度仕上げてしまう。この場合には，必ずしも良い特許明細書ができているとは限らない。そこで，弁理士がチェックに入る。この際に弁理士は発明の本質が理解できなければ発明者に追加で聞き取り調査を行うことがある[14]。

(3) 審査官

出願された書類に対して，特許要件，すなわち特許性を審査するのが特許庁の審査官の役割である。審査官も専門技術ごとに分かれている。その分野の技術を内在的に理解できる者である。

審査官は，大きく分けて新規性と進歩性の二つの基準とその他の特許要件を満たしているかを判断する。通常は，1回の審査で特許が与えられることはない。多くの場合，審査官が拒絶した理由に対応して，弁理士は特許明細書を補正する必要がある。

(4) 弁護士

特許を取得し権利が得られれば，それだけで自社の知的財産権が守られるというわけではない。例えば，他社から自社の保有する特許が侵害され交渉では解決できない場合には，販売差し止めや損害賠償請求といった訴訟を通じた紛争解決を行う。付記弁理士制度が導入されたので，弁護士に加えて弁理士も訴訟の代理人が可能になった[15]。近年では，専門的な技術内容が裁判で争われることがあり，弁理士は弁護士と共同して代理人となる例がある。知財訴訟は様々な法律家を交えたチームになるため，弁護士と共に弁理士の果たす役割が期待されている。

2. 日本の産業コンテクスト

2-1. 市場規模

特許事務所の業界を産業として捉えた場合に，市場規模をどのように測るかは難しい課題である。高山（2008）は，民間信用情報企業のデータを元に，大手20位までの特許事務所の売上高を整理している。それによれば，2004年から2006年の期間で，およそ400億円強であることが分かっている。

しかし，このように財務情報が公開されている事務所は少数派である。特許事務所は，基本的に非公開の組織であるため，財務情報は開示されない。

図表 2-2　日本の特許の出願数と登録数

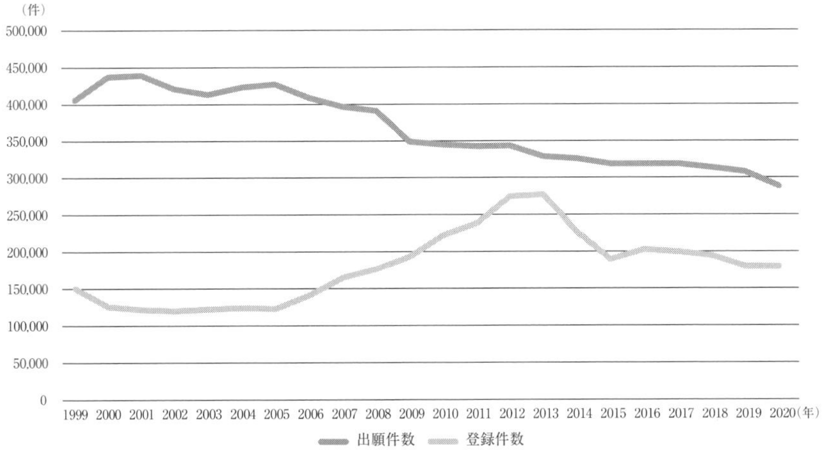

出所：特許庁『特許行政年次報告書　統計・資料編』各年版を元に筆者作成。

また，価格は柔軟に設定されているため，出願数に弁理士報酬額表の金額を掛け合わせて市場規模を算出するのも難しい。そこで，代理指標として，出願数と登録数を元に捉えてみよう[16]。

図表 2-2 に，日本の特許出願数と登録数を示す。ここから分かるように日本の特許の出願数は減少傾向にある。

後述するように弁理士の合格者数が伸びていることを踏まえると，一人あたりの受任数は減っていく。よって，競争が激しい市場になっていることが分かる。

ただし，このような環境下で，個別の大規模事務所の中には規模を拡大させたものもある。例えば，高山（2008）によると，大手の 20 位の事務所では 2004 年から 2006 年まで微増である[17]。

2-2．市場構造

古典的には，SCP パラダイムで指摘されるように，業界の構造は組織の行動に影響する重要な要素の一つである。そこで最初に，図表 2-3 に受注面から見た市場構造について示す。

図表 2-3　日本の市場構造（受注面）

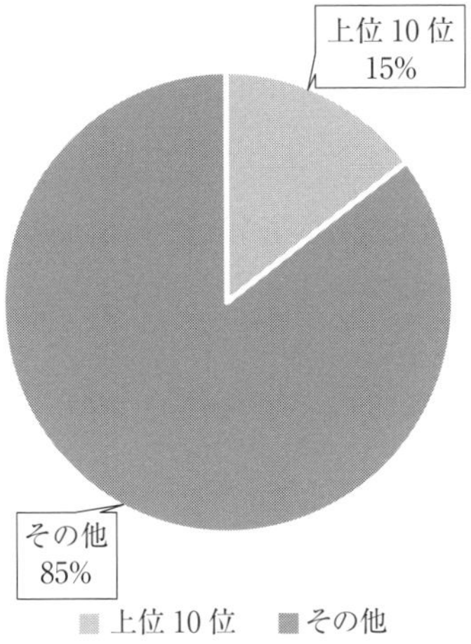

出所：アップロード『特許事務所年鑑 2014』を元に筆者作成。
2014 年版が最新版であるためこのデータを元にしている。

図表 2-3 によると，上位 10 位までの特許事務所の占有率を合わせても約 15 ％である[18]。最大の代理出願を受任している事務所でも市場占有率は 3.2 ％に過ぎない。よって市場の特性は競争的であるといえよう。また，企業が自社の知財部門を使って出願する場合も考慮すれば，取引相手の代替性も確保されているといえる。

従って，個々のプレイヤーが行使できる市場の支配力は相対的に大きいとはいえない。ただし，この点については専門職であるため，他の産業と同じ文脈で比較できないことには注意を要する。専門職が提供する専門サービスは，専門職が専門知識を背景にしていること，また，顧客の依頼する案件ごとに個別性が高いこと，利益相反を考慮しなければならないことから，いったん依頼すれば，取引の代替性は確保しにくいがゆえである。

次に，図表 2-4 に発注面から見た市場構造を示す。図表 2-4 に示すように，上位 10 位までの発注側の企業の占有率を合わせても約 15 ％である[19]。最大の出願をしている企業でも占有率は 2.8 ％に過ぎない。ただし，個別にみれば，受注側の規模が相対的に小さいことや，取引の代替性が確保できる

図表 2-4　日本の市場構造（発注面）

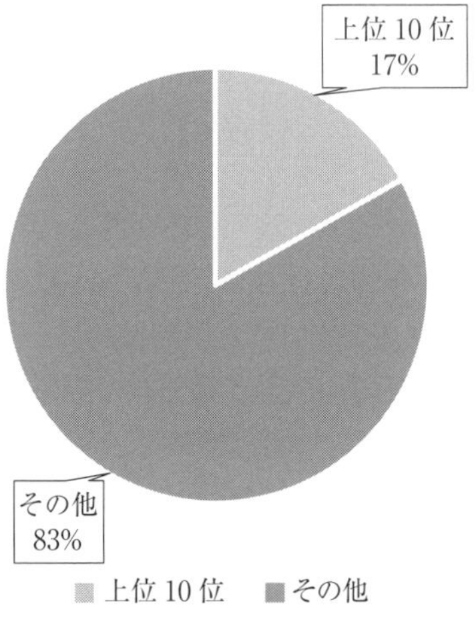

出所：アップロード『特許事務所年鑑 2014』を元に筆者作成。
2014 年版が最新版であるためこのデータを元にしている。

ため，発注側が影響力を行使しやすい市場構造である。

とはいえ，発注側は短期的に特許事務所を変えるわけではない。先述したように，案件ごとの個別性があるため，発注側も容易に取引相手を変更できるわけではない。また後述するように，長期的な取引であればこそ，得られるメリットもある。例えば，受注側との取引のルーティンが蓄積できるし，受注側の能力の蓄積も期待できる。このため，現実的には長期的な取引となるのである。

2-3. 組織の規模

次に，日本の特許事務所を所属人数によって規模別に整理して示す。図表 2-5 に 10 人以上の事務所を三つに分けて示している。10 ～ 29 名が所属する事務所が増えていることが明らかである。一方で，30 名以上の事務所は微増であるが，変動が少ない。多くの事務所が売上や利益率を非公開としているため，ここでは財務的な指標による規模は示すことができない。

本書では，出願数上位 100 位以内の事務所を対象にしているため，それら

図表 2-5　日本の特許事務所数の規模別推移

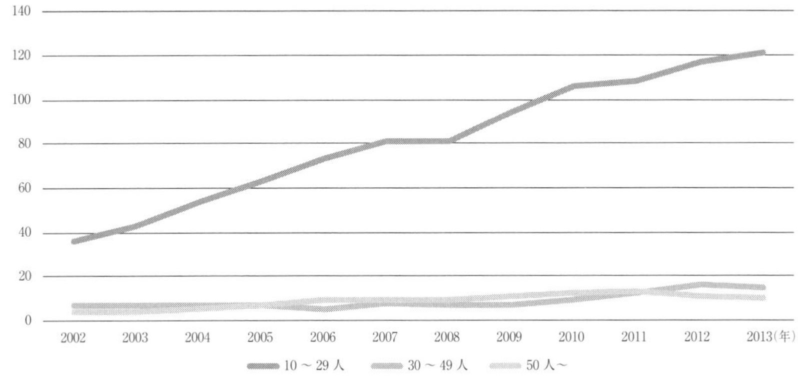

出所：日本弁理士会『弁理士白書』平成26年版より筆者作成。

の事務所を詳細に見てみよう。2010年時点で，出願数上位100位の事務所に所属する弁理士は，全体のおよそ25％強に達している。平均的には，事務所あたり22名強の弁理士が所属していることになる。

注意を要することは，これらの数字には，弁理士を補助する所員数や知財訴訟を担当する弁護士数が含まれていないことである。日本の場合，弁護士は少数であるが，弁理士を除く所員数のうち特許技術者が多い。特許技術者は，資格を保有しないため，弁理士の監督下で特許明細書を作成する。出願の代理業務は弁理士などの資格保有者のみが可能であるが，実際には明細書の作成を補助する者がいる。だが，特許技術者に関する定量データは得られない。さらに事務所によって弁理士1人当たりについている補助の所員がどの程度いるかは異なることにも注意を要する。例えば，ある事務所では，5～7名程度の特許技術者を1人の弁理士が監督して仕事を進めている[20]。

2-4．事業構成

特許事務所の主たる事業は特許の代理出願である。先述したように，代理業務の他に，知財関連の助言や訴訟といった業務はあるが，これらの定量的なデータは得られない。そこで，得られるデータの制限から，実用新案，意匠の代理数と比較して捉える。図表2-6は出願数上位100位の特許事務所の

図表 2-6　日本の特許事務所の事業構成　特許・実用新案・意匠

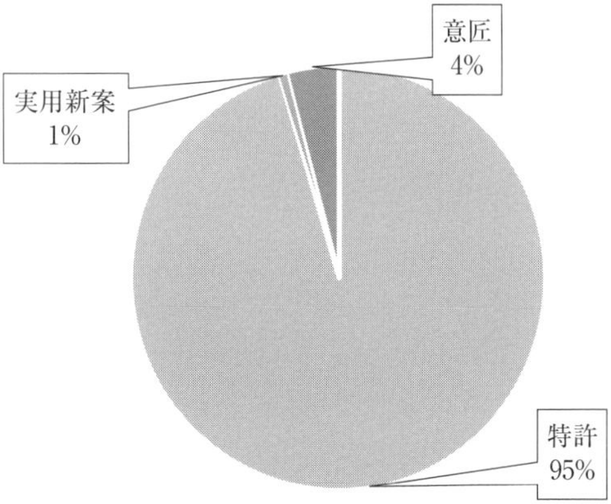

出所：アップロード『特許事務所年鑑 2014』を元に筆者作成。
2014 年版が最新版であるためこのデータを元にしている。

特許，実用新案，意匠の代理数のそれぞれの割合である。

図表 2-6 に示す通り，上位 100 位の事務所では，95 % は特許の代理業務である。主たる事業領域は特許であることが分かる。

2-5. その他の制度的コンテクスト

(1) 報酬の自由化：弁理士報酬額表の廃止

競争の条件を規定するのは市場構造だけではない。サービスに対する価格が自由に決定できなければ競争は制限されてしまう。この点については，2001 年に日本弁理士会が定めていた弁理士報酬額表（特許事務標準額表，料金表）は廃止され，代理出願業務の報酬は自由に決められるようになった。ただし，弁理士報酬額表を基準にして各事務所が報酬を決めているともいわれている[21]。近年では，顧客側から大口取引を条件にして値引き（ボリュームディスカウント）を要求されるようになっており価格競争の圧力は大きくなっている。

各事務所の料金表をウェブサイトで確認すると，特許出願の手数料 18 万円～40万円程度と事務所間でばらつきが見られるようになっている。大口顧客向けには大口契約に基づいた割引料金が設定されている場合，ベンチャー企業，中小企業向けに特別料金を設定している場合もあり，基本的な料金構造は同じように見えても実際の請求価格は異なる。出張費用，その時間や相談回数，先行技術調査といった業務を無料化して実質的な料金の引き下げを行う場合がある。

(2)　弁理士の資格

2002年以降，知的財産権の保護を強化する方針が打ち出され，弁理士資格保有者は増加してきた。図表2-7に，弁理士登録者数の推移を示す。参入障壁が緩和されたといえるため，より競争的な市場環境に近づいたともいえる。

弁理士試験は，もともと合格率が6～7％程度であり，国家資格のうちで最難関のものの一つに数えられる[22]。近年では，志願者が年々減り，合格者も減少しているから絞られている。具体的なデータで見れば，平成28年度志願者数4679名，受験者数4211名，最終合格者数296名（6～7％程度），

図表2-7　弁理士登録者数の推移

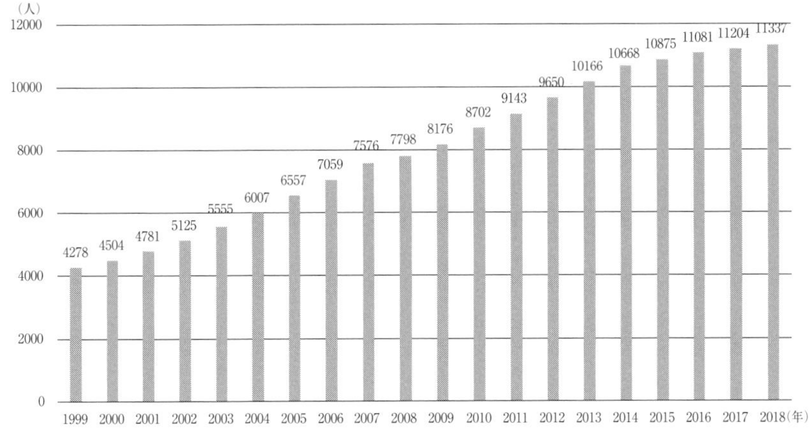

出所：『弁理士制度120周年記念誌』p. 277および，各年の日本弁理士会・会員分布より筆者作成。
資料によって集計時期が異なるため数値はそれぞれの資料によって異なる場合がある。

平均受験回数 4.4 回である。

どの程度の規模であるかを比較するために，弁護士数を見てみよう。2021 年 1 月時点で，弁護士数は 43,000 人を超えている。弁護士数と比較すると，弁理士数はおよそ四分の一である。

日本で弁理士資格を得るためには次のような国家試験に合格する必要がある[23]。具体的には，以下のように，弁理士試験では法的な専門知識と技術的な専門知識の双方が問われる。

一次試験は，短答式筆記の工業所有権に関する法令（特許・実用新案，意匠，商標，それぞれに関する法令，工業所有権に関する条約，著作権法及び不正競争防止法）の試験である。二次試験は，論文式試験である。必修科目として工業所有権（特許・実用新案，意匠，商標）に関する法令の試験がある。また，選択科目として，六つが用意されている。この選択科目は，民法を除いて次のように理科系の技術的な知識を必要とする。理工Ⅰ（機械・応用力学）：材料力学，流体力学，熱力学，土質工学，理工Ⅱ（数学・物理）：基礎物理学，電磁気学，回路理論，理工Ⅲ（化学）：物理化学，有機化学，無機化学，理工Ⅳ（生物）：生物学一般，生物化学，理工Ⅴ（情報）：情報理論，計算機工学，法律（弁理士の業務に関する法律）：民法である。三次試験は口述試験であり，工業所有権（特許・実用新案，意匠，商標）に関する法令の試験である[24]。

〈注〉

1　日本の産業分類では，大分類Ｌの「学術研究，専門・技術サービス業」にあたる。特許事務所は，中分類 72 の「専門サービス業（他に分類されないもの）」，小分類 721 の「法律事務所，特許事務所」の「7212　特許事務所」である。業務の内容は，「特許，実用新案，意匠又は商標に関する登録申請，異議の申立てなどの代理及び鑑定などの業務を行う事業所をいう。」となっており，特許事務所，特許業務法人事務所，弁理士事務所，特許出願代理業が入る。弁理士の業務内容は，池内（2005）や奥田（2018），久門（2015），正林（2012a），藤井（2014），藤井（2021），弁理士受験新報編集部（2010）に詳しく書かれている。弁理士のみならず弁護士も所属している場合には，特許法律事務所という名称となるが，本書では，特許事務所という呼び名で統一している。

2　「知的財産」とは，発明，考案，植物の新品種，意匠，著作物その他の人間の創造的活動により生み出されるもの（発見又は解明がされた自然の法則又は現象であって，産業上の利用可能性があるものを含む。），商標，商号その他事業活動に用いられる商品又は役務を表示するもの及び営業秘密その他の事業活動に有用な技術上又は営業上の情報をいう（知的財産基本法第二条）。「知的財産権」とは，特許権，実用新案権，育成者権，意匠権，著作権，商標権その他の知的財産に関して法令により定められた権利又は法律上保護される利益に係る権利をいう（同条第二項）。

3　これらの出願代理業務は，弁理士の独占的業務として弁理士法・第四条で定められている。ここでは特許と記述したが，弁理士法でその他の知的財産権の出願の代理が決められている。

4　特許は，指定されたフォーマット通りに文書を作成して提出すれば登録されるというものではない。登録されるためには特許庁の審査官による審査を受けて新規性・進歩性などがあるという判断を得る必要がある。

5　伊東・伊東国際特許事務所（2004）に倣い，本書でも，明細書および特許請求範囲をあわせて特許明細書と呼ぶ。

6　この点については米国の弁理士に相当する資格である特許代理人や特許弁護士も同じである（Swanson, 2009）。

7　弁理士らへのインタビューを実施したところ，近年は，特許事務所や弁理士側から見ても，能力等を厳しく評価されるようになってきたという回答を得た。また，企業の知財部門の担当者側からは，費用対効果を定量的に把握するようにしているという回答を得た。弁理士という公的な資格は，最低限の能力を保証するものである。それ以上の経験蓄積による能力は，特許事務所や弁理士によって異なる。

8　ここでは，専門用語として用いており，「特許請求の範囲」，つまり，特許で得る権利の範囲のことを指している。

9　代理人には，(1) 技術分野に関する知識，(2) 特許権の性質や効力といった法的知識，(3) 先行技術などの調査能力が必要である（木村ほか，2005; Somaya et al., 2007）。発明者本人が作成した特許明細書では権利の範囲が狭くなってしまう傾向にある（木村ほか，2005）。

10　例えば，ある特許技術者によれば，自分の専門ではない，技術の分野で明細書を書くと，細かいところがうまく書けない，ということであった。

11　細かくいえば，さらに多くのアクターがいる。例えば，外国出願の場合に特許明細書を他の出願国への言語に翻訳する必要がある。その場合には，技術翻訳に強い特許翻訳者などの協力を得ることがあるためここに特許翻訳者を加えることも可能である。特許翻訳者の実務については沢井・時國（2014）が詳しい。

12　特許技術者が入ることもある。先行技術調査の膨大な工数を弁理士１人で処理しきれないためである。また国際出願の場合には，特許翻訳者も入ることがある。これらは弁理士の監督下で業務が行われる必要がある。

13　知財部門の業務は，多岐にわたる。一般的には，次のような業務がある（木村ほか，2005）。(1) 知財戦略の立案・実施，(2) 職務発明規定の作成および運用，(3) 技術情報の収集・分析および提供，(4) 研究開発部門からの発明の吸い上げ，(5) 製品別・担当別貢献度および収支測定，(6) ライセンス管理，(7) 代理人評定並びに発注管理，(8) 係争事件対応，(9) 出願案件管理，である。このように出願のための代理人を評定し，発注を管理する仕事も含まれている。

14　発明者はそのまま発明の内容を記述するだけの傾向が強くなる。しかし，それでは特許として権利が保護される範囲が狭すぎる。発明をより広く保護するために，いかに請求項を広く，ある意味では抽象化して記述できるかが弁理士の腕の見せ所であり，能力差である。

15　特定侵害訴訟では，技術的な理解が求められ高度な判断が求められるから，弁理士はもともと補佐人として訴訟のチームに加わることができた。なお，弁理士法に次のように定められている。「第六条の二　弁理士は，第十五条の二第一項に規定する特定侵害訴訟代理業務試験に合格し，かつ，第二十七条の三第一項の規定によりその旨の付記を受けたときは，特定侵害訴訟に関して，弁護士が同一の依頼者から受任している事件に限り，その訴訟代理人となることができる。」

16　特許事務所の代理した出願数が財務指標と相関しているとされている（Somaya et al., 2008）。

17　集計の対象は，東京商工サーチと帝国データバンクに情報を公開している上位20位の事務所となっている。具体的な数値は，2004年で約415億円，2006年では447億円である。本書の分析対象となった事務所と一致しているわけではないため注意が必要であるが，この数値を元にして，本書のサンプルの事務所の売上高も48事務所合計で500億円以上には達すると推測できるであろう。

18　ここでの市場占有率は，2013年の公開特許件数のうち，各特許事務所の出願代理件数が占める割合として測定している。

19　ここでの占有率は，2013年の公開特許件数のうち，各企業の出願代理件数が占める割合として測定している。

20　例えば，他のある特許事務所は，23人中，弁理士が5人，事務員が7人，その他の技術専門職が11人である。また別の特許事務所では，弁理士を補助する事務員や技術専門職が多く雇用されており，特許明細書に用いる図面作成あるいは翻訳も内製化している（伊東，2014）。このように具体的には，弁理士の仕事の補助度合いや仕事の分業は事務所によって異なる。本書では弁理士以外の技術者や事務職といった補助人材について分析に組み込めていないという限界がある。つまり，正確なレバレッジ比率を測定できないという限界である。

21　筆者のインタビューによる。

22　弁理士法第七条で定められている通り，弁理士試験に合格した者以外にも，弁護士資格を持つ者，そして，特許庁での実務経験を持つ者（具体的には，「特許庁において審判官又は審査官として審判又は審査の事務に従事した期間が通算して七年以上になる者」とされる）が弁理士になることができる。

23　合格後，所定の研修を受けて，弁理士として活動するためには，日本弁理士会に会員登録しなければならない。

24　弁理士試験に関する説明は，特許庁の「弁理士試験の案内」（https://www.jpo.go.jp/news/benrishi/shiken-annai.html#nagare02）による（2022年8月14日最終確認）。

第3章
分析の方法

1．データセット作成と分析手順

本書における分析で用いるデータは，特許情報であり，いずれのデータソースも公表されているものである。本書では，特許事務所を分析単位とするため，図表3-1に示すようにデータを収集しデータセットを作成した上で分析した。第3章では，(4) の分析用の変数の作成までを説明する。第4章と第5章で，(5) の回帰分析の結果を示す。

図表3-1　データセット作成と分析手順

(1) 出願数上位100位かつ弁理士数5名以上の特許事務所を特定
(2) 特許検索データベースによって特許事務所ごとにデータを収集
(3) 出願番号で当該年に出願された特許を絞り込み
(4) 分析用の変数の作成
(5) 回帰分析の実行

最初に，出願数上位100位かつ弁理士数5名以上の特許事務所を特定した[1]。この時点で48事務所が残った。弁理士数の下限を設定したのは，本書では個人ではなく，組織として活動する事務所を対象としたためである。特許検索データベース（発明通信社 HYPAT-i2）によって事務所ごとの出願情報を集めた。実際の出願日と事務所が業務を行った日を近づけるために，出願番号によって年ごとに特許を整理し直した。

本書では，出願時の特許を分析対象としている。一方で，既存研究では，登録された特許のみを対象としている（Mawdsley & Somaya, 2018; Sako et al., 2016）。出願特許を対象とした理由として，(1) 日本の特許出願の場合，審査に進むためには審査請求が必要であること，(2) 登録特許のみに絞り込むと，研究対象となる出願代理の受任過程が抜け落ちてしまうこと，(3) 登録特許は受任時点が特定しにくいことが主として挙げられる。

以上の作業後のデータを元に，分析用の変数を作成し回帰分析を行った。本書では，単一の国，単一の産業に限定して分析を行っている。このような限定によって，一般化の限界があるが，国と産業の差異を制御することができる（Nachum & Song, 2011）。

2. 被説明変数

2-1. 組織成長の測定

Penrose（1959, 1980, 1995）は，成長を組織規模の量的変化および組織内部の質的変化として捉えている[2]。というのは，成長は単なる組織規模の量的変化ではなく，拡張の過程でマネジメント方法など内部に変化を迫るからである（Arbaugh & Camp, 2017; Steffens et al., 2009）。

しかし，組織成長の過程での組織内部の質的な変化を分析することは困難である（Stam et al., 2006）。そこで，本書では，成長を量的指標で捉えるものに限定するが[3]，次に，(1) どれを対象とするか，(2) どのような数式を用いるかの2点が問題になる（Coad, 2009; Weinzimmer et al., 1998）。まず，(1) について説明し，(2) については次節で説明する。

組織成長を測定する際の対象として，Penrose は資産規模を用いることを提案している（Chen et al., 2019）。さらに，Penrose 以降の研究では，営利企業を中心とした既存研究で様々な測定対象と方法論が蓄積されている。それらによれば，一般に，売上高，資産，従業員数を基準に組織の規模を測定し成長率を計算する。このうち，売上高は，最もよく用いられる指標である（Delmar, 1997）。続いて，Weinzimmer et al.（1998）は，(1) 売上高，(2) 人員数，(3) 資産の三つの測定方法を比較し，このうち，売上高成長率が最も一般的に用いられているとしている。さらに，Shepherd & Wiklund（2009）は，Weinzimmer et al.（1998）を元に，組織成長の測定方法を整理し改善する提案を行っている。それによれば，民間部門の営利企業を対象とした研究を中心に，(1) 組織構成員数，(2) 売上高，(3) 資産，(4) 利益が組織の規模の測定および規模の成長に用いられていることを明らかにしている[4]。

本書では，組織の事業規模（取引量）と人員数を用いて組織成長を測定する。これは，PSFs の文脈では，物的資産の割合が小さいこと（Briscoe & Tsai, 2011），知的資産は人的資源として専門職に体現されていることから物的資産は適切な指標とならないことや，顧客の利益を優先する専門職論理と利益をパートナー間で配分するというパートナーシップの特徴から利益も適切な指標とはいえないことが理由である[5]。特許事務所の文脈では，「特許出願は，ビジネスが発生した時点で会計処理された法律事務所が生み出す収益を効果的に測定するものである」（Somaya et al., 2008）とされており売上高などの財務指標と相関があると考えられる（Somaya et al., 2008）[6]。このように取引量を基準とすることは，既存研究と完全に同じ基準で組織成長を測定できないが，産業特有の文脈に適合した成長の測定は既存研究でも認められている（Davidsson et al., 2010）。

2-2．各章で用いる被説明変数

第 4 章と第 5 章の被説明変数を説明する。図表 3-2 に第 4 章と第 5 章の被説明変数を整理している。ここでは，先に触れた成長率あるいは量を計算するための数式についても説明する。

第 4 章では，特許事務所の受任した取引量（国内出願数）と所属弁理士数の人数を用いて，組織規模の成長を測定した。第 5 章では，第 4 章の分析結果を踏まえて，特許事務所がどのように地理的に拡張するのか，つまり特許事務所がどの都道府県の顧客から受任しているのかを明らかにする。

図表 3-2　第 4 章と第 5 章で用いる被説明変数

変数名	測定方法
第 4 章　組織規模の成長（成長率あるいは量）	
相対的事業成長	特許事務所の前年比出願数成長率
絶対的事業成長	特許事務所の前年比出願数の差分
相対的人員成長	特許事務所の前年比人員数成長率
絶対的人員成長	特許事務所の前年比人員数の差分
第 5 章　組織の地理的拡張（成長率あるいは量）	
相対的地理的拡張	特許事務所の前年比都道府県数成長率
絶対的地理的拡張	特許事務所の前年比都道府県数の差分

出所：筆者作成。

相対的成長の計算式は，自然対数を取った後の，今期の規模と前期の規模の差である（Vaz, 2021）。例えば，相対的事業成長は，以下のような式で計算されている。

相対的事業成長 =log［特許事務所の t 年の総国内出願数］
　　　　　　　　− log［特許事務所の t-1 年の総国内出願数］

図表 3-2 の絶対的成長は，単純に前年比の差分である。例えば，絶対的事業成長は，以下のような式で計算されている。

絶対的事業成長 =［特許事務所の t 年の総国内出願数］
　　　　　　　　−［特許事務所の t-1 年の総国内出願数］

以上のような計算式は，成長研究では一般的に用いられるものである（Vaz, 2021）。

2-3. 被説明変数間の関係

組織成長は多面的な現象であり，組織成長を構成する要素間の関係は測定方法やサンプリングの方法に対して頑健ではない（Shepherd & Wiklund,

2009)。よって，測定方法もいくつかの尺度を併用することが望ましい。そこで，本書でも複数の成長指標を併用している。

異なる測定方法で得られた数値がどの程度相関しているのか確認しよう。図表 3-3 に記述統計および相関係数を示す。図表に示すように，相対的および絶対的人員成長は相関係数が 0.69，そして相対的および絶対的地理的成長は相関係数が 0.90 と高いものの，それ以外の成長の指標は，相関係数は最大でも 0.49 程度以下である。

図表 3-3　被説明変数間の記述統計

変数名	観測数	平均値	標準偏差	最小値	最大値
相対的事業成長	432	.044	.28	-.459	3.951
絶対的事業成長	432	11.833	213.885	-1065	885
相対的人員成長	432	.104	.148	-.486	1.179
絶対的人員成長	432	2.234	2.831	-7	12
相対的地理的拡張	432	.014	.218	-.944	1.299
絶対的地理的拡張	432	.102	3.033	-11	10

出所：筆者作成。

被説明変数間の相関表

変数名	(1)	(2)	(3)	(4)	(5)	(6)
(1) 相対的事業成長	1.000					
(2) 絶対的事業成長	0.486	1.000				
(3) 相対的人員成長	0.263	0.193	1.000			
(4) 絶対的人員成長	0.119	0.163	0.692	1.000		
(5) 相対的地理的拡張	0.372	0.096	0.064	0.018	1.000	
(6) 絶対的地理的拡張	0.201	0.090	0.031	0.006	0.902	1.000

出所：筆者作成。観測数 =432。

3. 説明変数と制御変数

図表 3-4 に本書で用いる説明変数と制御変数を，図表 3-5 には記述統計を，図表 3-6 には全ての変数の相関表を示す。

図表 3-4　第 4 章および第 5 章の説明変数と制御変数

変数名	測定方法
説明変数	
顧客範囲	特許事務所が t 年に受任した顧客の数（自然対数）
サービス範囲	特許事務所が t 年に受任した代理出願の技術領域をハーフィンダール・ハーシュマン指数で測定し（Hall, 2002），1 から引いたもの
制御変数	
弁理士数	特許事務所の t 年の弁理士数（自然対数）
組織年齢	特許事務所の t 年時点での設立からの年数（自然対数）
国内取引集中度	特許事務所の t 年の国内取引の集中度をハーフィンダール・ハーシュマン指数で測定したもの
組織規模	特許事務所の t 年の出願代理総数（自然対数）
登録率	特許事務所の t 年の特許登録率
離職率	特許事務所の t 年の離職率
入職率	特許事務所の t 年の入職率
拒絶理由回数	特許事務所の t 年の代理出願特許あたりの拒絶理由通知書数
請求項数	特許事務所の t 年の代理出願特許あたりの請求項数
頁数	特許事務所の t 年の代理出願特許あたりの頁数

出所：筆者作成。

図表 3-5　説明変数と制御変数の記述統計

変数名	観測数	平均値	標準偏差	最小値	最大値
顧客範囲	432	4.403	.671	1.386	5.943
サービス範囲	432	.364	.07	.094	.487
弁理士数	432	3.093	.651	1.386	4.543
組織年齢	432	3.502	.671	.693	4.779
国内取引集中度	432	.163	.143	.022	.799
組織規模	432	7.288	.774	2.565	9.066
登録率	432	.45	.085	.226	.706
離職率	432	.119	.145	0	1
入職率	432	.171	.116	0	.833
拒絶理由回数	432	.835	.133	.466	1.324
請求項数	432	7.756	1.772	3.901	18.81
頁数	432	19.712	6.072	9.976	51.813

出所：筆者作成。

図表 3-6　全ての変数の相関表

変数	(1)	(2)	(3)	(4)	(5)	(6)	(7)	(8)
(1) 相対的事業成長	1.000							
(2) 絶対的事業成長	0.499	1.000						
(3) 相対的人員成長	0.265	0.191	1.000					
(4) 絶対的人員成長	0.129	0.163	0.693	1.000				
(5) 相対的地理的拡張	0.335	0.090	0.057	0.021	1.000			
(6) 絶対的地理的拡張	0.193	0.088	0.028	0.007	0.910	1.000		
(7) 顧客範囲	-0.314	-0.096	-0.163	0.154	-0.181	-0.130	1.000	
(8) サービス範囲	-0.152	-0.065	-0.174	0.090	-0.121	-0.109	0.604	1.000
(9) 弁理士数	-0.198	-0.136	-0.326	0.224	-0.056	-0.035	0.514	0.444
(10) 組織年齢	-0.277	-0.242	-0.254	-0.041	-0.123	-0.116	0.411	0.518
(11) 国内取引集中度	0.055	-0.052	0.108	-0.082	0.053	0.025	-0.515	-0.526
(12) 組織規模	-0.456	-0.163	-0.171	0.193	-0.231	-0.170	0.689	0.482
(13) 登録率	-0.104	-0.028	-0.118	-0.028	-0.063	-0.037	0.040	0.119
(14) 離職率	0.134	0.107	0.133	0.056	0.006	-0.021	-0.080	-0.077
(15) 入職率	0.197	0.206	0.129	0.008	0.058	0.043	-0.143	-0.239
(16) 拒絶理由回数	0.113	0.140	-0.004	0.092	0.052	0.061	-0.015	0.027
(17) 請求項数	0.019	0.031	0.054	0.076	0.028	0.039	-0.253	-0.240
(18) 頁数	0.178	-0.025	-0.025	0.058	0.122	0.072	-0.071	-0.144

出所：筆者作成。
(1)～(6) までの被説明変数は，1 期先を用いている（回帰分析では，1 期先のラグを挿入しているため）。

(1) 顧客範囲

t 年に特許事務所が受任した顧客の数である。例えば，10 の顧客から受任したとすれば，顧客範囲の値は 10 となる（分析では自然対数化している）。この値が大きいほど，顧客範囲が広いことを意味する。一般には，顧客は事業会社や研究機関である。

本書のユニークな点の一つが，顧客レベルの取引データを入手できることである。本書は，顧客を分析単位にできる。顧客を分析単位とすることで，市場や事業を分析した既存研究よりもよりミクロなレベルで戦略を観察できる[7]。

(9)	(10)	(11)	(12)	(13)	(14)	(15)	(16)	(17)	(18)
1.000									
0.397	1.000								
-0.359	-0.159	1.000							
0.595	0.346	-0.209	1.000						
0.158	0.260	-0.128	-0.107	1.000					
-0.167	-0.245	0.013	-0.122	-0.068	1.000				
-0.238	-0.418	0.066	-0.185	-0.147	0.327	1.000			
0.215	0.213	-0.219	-0.183	0.562	-0.038	-0.044	1.000		
0.073	0.014	0.170	-0.104	0.158	-0.042	0.036	0.373	1.000	
0.245	0.064	-0.048	-0.123	-0.005	-0.090	-0.082	0.336	0.273	1.000

(2) サービス範囲

t年に特許事務所が受任した特許の技術領域の集中度をハーフィンダール・ハーシュマン指数で測定したものである（Mawdsley & Somaya, 2018, 2021）。技術領域は，国際特許分類（IPC）のサブクラスを用いて分類した。例えば，ある特許事務所が，国際特許分類のうち，二つの領域でそれぞれ，60 %，40 %の出願があったとすると，ハーフィンダール・ハーシュマン指数は0.36+0.16=0.52となる[8]。1からこの値を引いて，1-0.52=0.48がサービス範囲となる。この値が大きいほど，サービス範囲が広いことを意味する。

このような測定方法は，Penroseが想定していた大規模製造業と比較すれば，大きな違いがあるが，専門サービス産業特有の測定方法である[9]。例えば，専門サービス産業では，サービス範囲は，提供している専門サービスの実数（Chatain, 2011）や，提供しているサービスの集中度合いなどによって測定されている（Mawdsley & Somaya, 2018, 2021）。

(3) 弁理士数

t年の特許事務所の所属弁理士数である。組織規模は戦略に影響する重要な変数であり（Li et al., 2020），組織の評判と正の関係があるとされている（Iacobucci, 2012）。また，組織規模が大きい方が成長しにくいとされている（Brock & Yaffe, 2008）。そこで組織規模を所属する専門職数で測定し制御する。ここまで述べてきたように，PSFsでは物理的な資産の比率は小さい（Briscoe & Tsai, 2011）。個々の専門職が持つ知識資産が重要である（von Nordenflycht, 2010）。弁理士数が多ければそれだけ人的資源が大きく，出願代理の案件数も多く受任できる。弁理士が多ければそれだけ，弁理士の監督によって，特許技術者や特許翻訳者，その他の事務所員なども多く活用できるようになる[10]。このように，人的資源の投入の大きさによって受任件数は強く制約される。他の変数と比較して，数値が大きいため，対数化して用いた。

(4) 組織年齢

t年時点での特許事務所の設立からの年数である。既存研究が指摘するように，組織年齢は戦略に影響する重要な変数である（Bakker & Josefy, 2018; Li et al., 2020）。既存研究と同様に，年齢の効果が逓減すると想定し対数化して用いた。

(5) 国内取引集中度

t年の特許事務所の国内顧客との取引集中度をハーフィンダール・ハーシュマン指数で測定した。例えば，10の顧客から10件ずつ受任していたとすれば，この値は，0.01 × 10=0.1となる。国内顧客の取引構造によって顧客関係資産への投資や蓄積される資源に差が生まれると想定されるため投入する。

(6) 組織規模

t年の特許事務所の国内顧客との取引量である。先述した弁理士数のように，組織規模は戦略に影響する重要な変数である。他の変数と比較して，数値が大きいため，対数化して用いた。

(7) 登録率

t年に特許事務所が出願した特許数で，登録された特許数を割った値である[11]。特許登録率は事務所が持つ出願代理能力のみならず，他のさまざまな影響から決まる。例えば，特許登録率を上げる要因は顧客側の動機などがある。こうした要因の制御のため用いる。

(8) 離職率

t年の特許事務所の離職率である。t-1年の所属弁理士のうちt年時点の離職者の数を，t-1年の所属弁理士数で割った。専門職の離職は顧客の喪失(Broschak, 2004; Broschak & Block, 2014; Greenwood et al., 2005; Levinthal & Fichman, 1988)，そして，個人の持つ技術領域の知識の喪失につながる(Somaya et al., 2008)。結果として，業績悪化につながることがあるため(Eckardt et al., 2014)，こうした要因を制御するために用いる。

(9) 入職率

t年の特許事務所の入職率である。t年の所属弁理士のうちt年時点の入職者の数を，t年の所属弁理士数で割った。専門職の雇い入れには，新規入職者を教育し育成するための費用がかかる(Guzak & Rasheed, 2014)。他事務所から上級専門職であるパートナーを獲得することで(Kim et al., 2016)，即戦力となる専門職が確保できるとされているが，それでもなお，経営陣の一員としてなじんで仕事ができるようになるまでには時間がかかる(Slater, 1980)。より初級レベルの専門職を雇い入れた場合には，十分な能力を発揮するまで教育に時間を要するであろう（Kunc, 2008)。こうした要因を制御するために用いる。

(10) 拒絶理由回数

t 年に特許事務所が出願した特許数で，特許庁から拒絶理由を通知された回数を割ったものである。つまり，一特許あたりの拒絶理由通知書数である。拒絶理由を通知された数が多ければ，それだけ権利を得るまでの時間がかかり，それだけ，特許庁の審査官とのやりとりが多いことを示す。これは発明の質や特許事務所が投入する時間や費用を反映している。事務所が投入する時間や資源，また，発明の質を制御するために投入する。

(11) 請求項数

t 年に特許事務所が出願した特許数で，特許に含まれているすべての請求項数を割ったものである。すなわち，一特許あたりの請求項数である。請求項数が多ければ，それだけ技術範囲が広く工数がかかるが，それに合わせて顧客への請求価格も高くなる。(10) と同様に事務所が投入する時間やそこからの収入，また，発明の質を制御するために投入する。

(12) 頁数

t 年に特許事務所が出願した特許数で，すべての特許の頁数を割ったものである。すなわち，一特許あたりのページ数である。(10) および (11) の変数と同様に，事務所が投入する時間や収入，発明の質を制御するために投入する。

4. 観測期間

序章で触れたように，観測期間は，分析に必要なデータが揃った 2002 年から 2010 年である。この時期には，特許事務所をはじめさまざまな専門サービス産業の大規模化が，国や経済界の要望で後押しされていた。

弁理士や特許事務所の業界に関連した点では，2002 年に知財立国宣言がなされ，知的財産権の権利化・保護の強化が意図された時期である。同時に，企業が出願数を競う時代は終わり，発明の質や権利化した知的財産を活用することが求められる時代となった。前章の図表2-7に示したように，2001年以前は弁理士は毎年200人程度増加していたが，2002年以降は，毎年400人程度増加しておりそれだけ競争が厳しくなったと考えられる。

弁理士や特許事務所側も，総出願数が順調に増加することを想定し，単純に出願の代理を行うだけでなくなった。顧客側の知財戦略も合わせた総合的なサービスの質を向上させる必要がある時代であり，成長できる事務所とそうでない事務所の差が生まれた時期である。

このように事務所間の成長の差を検証するために適切な観測期間である。

〈注〉

1　米国の特許法（あるいは知的財産権法）に特化した法律事務所を対象とした研究では，特許を専門とする弁護士（弁理士）数は，10名以上を基準としている。米国の研究での弁理士は，弁護士資格を持つ“patent attorney”である。一般に，州の弁護士資格と米国特許商標庁（USPTO）のpatent agentの試験に合格し登録された者である。第2章で触れたように日本では弁理士試験が難関で資格保有者が少ないものの，出願数は米国の2倍近い水準であった。弁理士の監督下で特許技術者らが補助をする体制が続いてきた。こうした事情から5名を基準とした。5名という基準は，一般的な営利企業から判断すれば小さいように見えるが，規模の大小は，産業によって相対的に決まる（Wallace & Kay, 2009）。出願数から見ても，これらの事務所はこの産業では大手に入るものである。

2　ここで，組織の成長率あるいは量は，組織の業績や有効性を測定する指標（Richard et al., 2009）として用いているわけではないことに注意を要する。競争優位を論じる研究やその他の領域でも広く，組織の成長率や量はしばしば用いられるため，誤解が生じる。本書は全体として，組織の成長理論によって，組織の成長率や量を説明しようとしており，それは，競争優位の理論的枠組みとは異なる。ごく単純にいえば，第1章で述べたように，専門職の時間が枯渇してしまうことによって，組織の成長率あるいは量が減速するかどうかを論じており，組織の内部要因（本書ではPSFsの専門職の時間）によって成長率あるいは量が影響を受けるという見方に立っている。ここで，絶対的な成長の量的限界について論じているのではなく，ある時点での専門職の時間に限りがあるため，ある時点での成長率に限界があるということを論点にしている（Penrose, 1959）。この点は，すでに繰り返し触れている通りである。

3　組織のマネジメントに関する内部要因の変化の結果として，副次的に組織の量的変化が起こると捉えると（Penrose, 1959），観察可能な量的変化を捉えることで，内部要因の変化が推察できる。

4　この研究では，組織の成長の指標間の相関は低いことも明らかにしている。

5　PSFsでは利益は組織に残すよりも，所有権を持つパートナーや固定給のアソシエイト，事務所員へ配分されるため利益の成長も適切な指標になりにくい。

6　他のPSFs研究においても，例えば会計事務所を対象としたGreenwood et al.,（2005）は相対的な業績指標として「専門家1人当たりの収入」を用いている。根拠として，PSFsでは，法律事務所の研究であるMalos & Campion（2000）が，専門職1人当たりの売上高と「パートナー1人当たりの利益」が0.7以上の相関関係を持っていることを指摘している。本書では，出願数によって事務所の業務量を用いているため，売上高よりも直接的に組織の成長を捉えられているといえる。

7　Ansoffの研究では，よりマクロなレベルである「市場」として顧客のまとまりを捉えている。すなわち，顧客が集約された市場レベルで分析を行っている。あるいは，データの入手ができなかったため，PSFsのサービス多角化を扱ったEckardt & Skaggs（2018）では顧客を変数に入れていない。

8　Hall（2002）によればこの値にはバイアスがあることが分かっているため，実際には，Hallの数式に従い，さらに補正した上で，1からハーフィンダール・ハーシュマン指数を引いている。

9　一般に，製造業では事業レベルで集計した売上高などで多角化程度を測定している。専門サービス産業特有の前提として，PSFsは，製造業と比較して，少人数で構成されており，サービスの多角化は，専門職間の調整と，上級専門職（パートナー）による一般の専門職（アソシエイト）の監督・管理を通じて行われる。

10　弁理士資格の合格率が低く，専門知識を持つ補助者が多かった日本の文脈では，レバレッジの一種であると考えられる。

11　本書では2010年までに出願された特許を対象としているため，審査請求が可能な期間はすでに終了している。t年に出願された特許が，その後に，特許査定を受け登録されたかどうかを追跡して算出している。

第4章
顧客とサービスの範囲と組織成長

1．はじめに

すでに述べたように，組織成長は，PSFsにとっても資源獲得や生存のために重要な目標である。実際に，多くの専門サービス産業において，個人事務所ではなく大規模事務所が多くの業務を受任するようになっている（Empson, 2017）。しかし，PSFsの研究領域では，これまで組織成長は理論的にも実証的にも主要なテーマではなかった（Eckardt & Skaggs, 2018）。

本章では，PSFsの成長戦略を整理するために，Ansoffの示した成長戦略を用いた（Ansoff, 1965）。Ansoffは，成長戦略の二つの要素として，顧客と製品を挙げており[1]，これらは成長戦略を規定する基本的な二要素である（Mishina et al., 2004）。この成長戦略が，PSFsの文脈でどのように実行されるのかを踏まえて，仮説を導出した。これは，計画された戦略は，実行を通して成果に結びつくためである（Wasserman, 2008）。PSFsの戦略の実行では，経営者としての責任を持つ上級の専門職（本章では，以下，パートナーと呼ぶ）と，主にオペレーションを担当する一般の専門職（本章では，以下，アソシエイトと呼ぶ）の分業によって進められる。具体的には，成長戦略の実行過程で，顧客範囲の拡張は主としてパートナーが担当し，サービス範囲の拡張は，パートナーとアソシエイトの協働によって進められる（Maister, 1993; Rogan & Mors, 2017）。

このような成長戦略の分業を前提とすれば，次のような予想が成り立つ。つまり，顧客範囲の拡張はパートナーの時間や注意力を消耗するため[2]，成長率は低下すると考えられる。一方で，サービス範囲の拡張は，パートナーがどの程度，アソシエイトに分業できるかに依存して成長率に与える影響が異なると考えられる（Chen et al., 2019; Kang et al., 2012）。

分析の結果，顧客範囲と成長率は負の相関を持つことが明らかになった。一方で，サービス範囲と成長率は正の相関を持つことが明らかになった。言い換えれば，成長戦略の方法によって成長率への影響は異なることが分かった。このような違いが生まれるのは，成長の方法によって必要な経営者サービスの量が異なるためであると考えられる。

次節では顧客およびサービス範囲についての仮説を導出する。第3節では分析結果を示し，第4節で分析結果を解釈する。第5節ではそれらを整理してディスカッションを展開する。

2. 既存研究の検討と仮説の導出

2-1. PSFsの成長戦略

成長戦略は理論的にも実務的にも様々な意味で用いられている。ただし，最も基本的な成長戦略の次元は，市場および製品という2次元である（Mishina et al., 2004）。内部資源をこれらの二つの次元に沿って活用していくことで，組織は成長していく。

この市場と製品という2軸に既存と新規という2要素を追加して，戦略論の立場から，より具体的な枠組みとして整理したのが，Ansoff（1957; 1965）である（図表4-1）。この枠組みは，主として大企業を想定しているが，小さな企業を対象とした研究でも適用されており（Brush et al., 2009），規模の大小にかかわらず汎用性のある捉え方である[3]。

以上の議論を踏まえて，本章ではPSFsの成長を分析するために，この枠組みを用いる。市場と製品・サービスという2軸によって整理すると，PSFsが取り得る成長方法は次のように四つに整理できる[4]。

(1) 既存顧客に既存の専門知識を用いるサービスをさらに提供する。
(2) 既存顧客に新規の専門知識を用いるサービスを提供する。
(3) 新規顧客に既存の専門知識を用いるサービスを提供する。
(4) 新規顧客に新規の専門知識を用いるサービスを提供する。

このように整理するとPSFsが主体的に戦略を形成し，その戦略に沿って

図表 4-1　Ansoff の成長マトリックス

		製品・サービス	
		既存	新規
市場	既存	市場浸透	新製品開発
	新規	新市場開発	多角化

出所：Ansoff（1957; 1965）より筆者作成。

仕事を選別しているような印象を受ける。しかし，仮に主体的な戦略形成がない場合，すなわち，顧客からの依頼を優先して戦略を形成する場合にも，PSFs は四つの成長方法の選択に迫られる[5]。つまり，顧客からの依頼を優先する場合には，明確な意図を持たないまま，事後的に四つの種類のプロジェクトを保有することになる。結果として，これらのプロジェクトの組み合わせが，事後的に PSFs の戦略を形成しているといえよう。このように，戦略形成の有無や当初の意図は別として，市場と製品・サービスは PSFs の成長を規定する基本の 2 要素である。

残された課題は，四つの成長戦略が実行される過程が明らかでないことである。組織の成長は，実行過程に依存して決まる。顧客の軸での成長戦略の実行とサービスの軸でのそれは異なる。次節以降で説明するように，PSFs では，顧客開拓と維持管理は，主にパートナーの仕事である。一方で，サービスの開拓と維持管理は，主にアソシエイトの仕事である。

このような組織内分業が行われる結果として（Kim et al., 2016），組織成長に与える影響も異なる。次節では，これについて詳しく説明する。

2-2. 顧客範囲の拡張とパートナーの時間

最初に，顧客範囲と組織成長の関係を考える。前章で確認したように，顧客範囲とは特許事務所の顧客数であり，組織成長とは組織規模の量的拡大の率あるいは量（すなわち，成長率あるいは成長量）である。本章では，顧客範囲の拡張は，組織成長と負の相関を持つと考える。これは次のように顧客開拓や維持管理は，パートナーの時間を多く投入する必要があるためである[6]。第1章で説明したように「経営・組織管理」の時間から，パートナーは新規の顧客の獲得のために時間を投入する必要がある[7]。

第一に，新規顧客の開拓から受任に至るまでには，パートナーが継続的に時間を投入しなければならない（Rogan & Mors, 2017）。この過程では，同一のパートナーが顧客との関係を強化することで関係資産を構築する必要があるため（Broschak, 2004; Empson, 2001），アソシエイトに仕事の一部を委任しにくい。結果として，直接的には将来の成長計画立案に投入できる時間が減少してしまう。また，間接的には，パートナーが，既存顧客の維持や，組織内部の管理，アソシエイトの監督・教育に投入できる時間を減らしてしまうため（Kor & Leblebici, 2005），現在のサービスオペレーションに問題を起こす可能性が高まる。パートナーは付随的に発生した問題に対処するために追加的に時間を取られることになる。こうしたことが重なった結果として，成長計画に投入できるパートナーの時間が枯渇し，組織成長が減速すると考えられる。

第二に，新規顧客を獲得できたとしても，その関係を維持しそこから多くの取引を得られるようになるためにはパートナーが関係構築のためにさらに時間を投資しなければならない（Doucet & Barefield, 1999; Guzak & Rasheed, 2014; Rogan & Mors, 2017）。顧客に適切なサービスを提供するためには，パートナーは，顧客との関係を構築した後も，顧客固有の知識を蓄積する必要がある（Nätti et al., 2006）。専門サービスのようなカスタマイズ度合いが高いサービスでは，既存顧客向けに最適化されている関係資産をそのまま転用できないため，パートナーは，新規顧客向けのオペレーションや組織管理，人材育成のための時間を投入しなければならない。先述したように，このような追加的な業務は，パートナーの時間を消費してしまい，直接的には将来の成長計画の作成できないため，さらに，間接的には，現行のサービスオペレーションから起きる問題に対処する必要があるため，パートナーが将来の成長のために投入できる時間が減少する。この結果，組織成長が減速するであろう。

第三に，新規顧客のために追加的に発生する業務によって，アソシエイトがパートナーを補佐する時間が減少するため，パートナーの時間も減少する。具体的にいえば，新規顧客へのサービスを提供するためには，顧客の仕事の進め方や依頼内容を理解しなければならないため，アソシエイトも限られた時間の使い方を組み替えて新たな業務プロセスを構築する必要がある（Kim et al., 2016; Slater, 1980）。結果として，パートナーがアソシエイトから補助されて確保できていた時間が減少するであろう。よって，パートナーは将来の成長計画のための時間が確保しにくくなるため，組織成長は減速する。

以上をまとめると，顧客範囲の拡張は，パートナーが意図した通りの成長をもたらすとはいいにくい。むしろ，パートナーの時間を新規顧客開拓に向けて消費してしまい，将来の成長計画の立案に十分な時間を確保できなくなるため，組織の成長は減速するであろう。従って，仮説1を導出する。

仮説1　顧客範囲と組織成長は負の相関関係を持つ。

2-3. サービス範囲の拡張とパートナーの時間

次に，サービス範囲と組織成長の関係を考える。前章で確認したように，サービス範囲とは特許事務所の技術範囲であり，組織成長とは組織規模の量的拡大の率あるいは量（すなわち，成長率あるいは成長量）である。

サービス範囲の拡張が組織成長に与える影響は複雑である。この理由は，サービス範囲の拡張が正負のいずれの効果を持つのかは組織内分業の特性に依存して決まるためである。具体的にいえば，PSFsの文脈では，サービス範囲の拡張は，パートナーがアソシエイトと協働して進める。パートナーがアソシエイトに，より多くの仕事を任せられるような組織内分業体制を構築することができれば，パートナーの利用可能な時間を増やすことができる。つまり，現時点での成長戦略の実行に投入する時間を節約することができ，パートナーは将来の成長計画の時間を確保することができる。結果として，組織の成長率は低下しない。一方で，組織内分業が不十分であり，パートナーが現時点での成長戦略の実行に多くの時間を投入し，自らがオペレーションを行う場合や，アソシエイトの監督時間を多く割かなければならない場合は，パートナーは将来の成長計画のための時間が確保できず，組織の成長率は低下する。以下では，パートナーの利用可能な時間に影響する組織内分業の特性を踏まえて仮説を展開する。

第一に，パートナーとアソシエイトの間の分権程度である。PSFsでは，サービス提供のオペレーションは，主にアソシエイトに任せられており，パートナーはそれを監督する（Maister, 1993; Wasserman, 2008）。パートナーは，サービスオペレーション以外にも多くの業務を持つことや，パートナーであっても幅広い技術領域で専門性を持つことは難しいことから，アソシエイトの活用によってサービスオペレーションが行われている。アソシエイトの能力が高ければ，パートナーは実行過程の管理の一部をアソシエイトに委譲でき，監督する時間も節約できる（Kang et al., 2012; Kor & Leblebici, 2005）。このように節約できた時間を，パートナーは次期の成長計画に投入でき組織成長が可能になる。逆に，アソシエイトに任せられる業務が少なければ，パートナーは自らが現在の成長戦略の実行に時間をより投入する必要があるため，次期の成長計画に時間を投入できず組織成長は減速すると考えられる。

第二に，階層導入によるアソシエイトの管理である。第1章で説明したように，パートナーとアソシエイトの間に，マネジャー，シニアアソシエイトといった複数の管理階層を導入することである。このような階層を用いることで，パートナーは時間を節約しながら，より多くのアソシエイトを活用できる（Sherer, 1995）。特許事務所の文脈では，アソシエイトの成果は案件数や登録率といった指標で測定しやすいことから，階層を導入した管理が行いやすい[8]。結果として，パートナーは次期の成長計画を立案するための時間が十分に確保でき組織の成長は可能になる。一方で，階層化は組織内部の取引費用を上昇させるため，パートナーは管理業務により多くの時間を割かなければならない可能性がある。例えば，パートナーが，階層的に離れたアソシエイトを十分に理解できなくなることで，組織が一体として活動しにくくなり，仕事の割り当てや調整が不十分になることが考えられる（Penrose,

1959, 1980, 1995; Sherer, 1995; Slater, 1980)。これによって調整問題が新たに発生すれば，パートナーはその問題解決のための時間を必要とする。結果として，パートナーは，次期の成長計画を立案するための時間が確保できずに，組織成長は減速する。

以上をまとめると，サービス範囲の拡張は，組織内分業の特性によって，組織成長への効果が異なると考えられ，事前に正か負かを予想することはできない。従って，以下の二つの仮説を導出する。

仮説 2a　サービス範囲と組織成長は正の相関関係を持つ。

仮説 2b　サービス範囲と組織成長は負の相関関係を持つ。

3. 推計方法と分析結果

3-1. 推計方法

プーリングモデル，変量効果モデル，固定効果モデルを比較するためにBP 検定，ハウスマン検定（Hausman, 1978）を行った。検定結果は，図表 4-4 のモデル（1）と（3）および（4）では，固定効果モデルが，モデル（2）では変量効果モデルが適切であることを示していた。図表 4-2 での結果も，それぞれの検定結果に対応して，固定効果モデルと変量効果モデルの結果を示している。誤差項の分散不均一を確認したため，頑健な標準誤差を用いて推計結果を得た（Wooldridge, 2010)。VIF は，最大値でも 3.67 であった。

3-2. 分析結果

被説明変数はモデル 1 からモデル 4 まで順に次のようになっている。(1) 相対的事業成長，(2) 絶対的事業成長，(3) 相対的人員成長，(4) 絶対的人員成長である。第 3 章で説明したように，いずれも前年比で測定した成長指標である。仮説の検証は，既存研究と同じ組織成長の測定方法であるモデル（1）により行う。モデル（2）からモデル（4）は，多面的に組織成長を測定し頑健性を確かめるためのものである。

モデル（1）では，仮説 1 と仮説 2a が支持された[9]。しかし，モデル（2）では，仮説 2a のみが支持され，モデル（3）とモデル（4）ではいずれの仮説も棄却された。このように，組織成長をどの指標で測定するのかによっても異なる結果が見られる。顧客とサービス範囲の拡張は，組織の事業面での成長には有意な効果を持つが，人員（弁理士数）での成長には有意な効果を持たない。これについては，既存研究が指摘しているように，売上高と専門職の数は成長プロセスの異なる段階を示している可能性があると解釈できる（Delmar, 2006）。専門サービス産業の文脈においても，事業の伸びに合わせて柔軟に専門職を増やすことは難しいであろう。すでに確認したように，事業成長と人員成長の相関係数は，最大でも 0.26 程度でありほとんど相関がないことからも推察できる。ただし，人員には事務職や，特許技術者，特許翻訳者といった社内外の他の支援人員を含んでいない。組織の成長過程では，専門職以外の人員が増える可能性があるため（Masurel & van Montfort, 2006），解釈には注意を要する。

図表 4-2　組織成長を被説明変数とした回帰分析の結果

	(1) 相対的 事業成長	(2) 絶対的 事業成長	(3) 相対的 人員成長	(4) 絶対的 人員成長
顧客範囲	-0.123**	-14.19	-0.0207	-0.339
	(0.0561)	(24.77)	(0.0410)	(1.104)
サービス範囲	0.726*	291.4*	0.281	0.207
	(0.414)	(167.2)	(0.183)	(3.524)
弁理士数	0.0778	14.65	-0.313***	-4.396***
	(0.0529)	(18.54)	(0.0463)	(0.891)
組織年齢	0.170	-80.21***	-0.0257	1.160
	(0.148)	(25.74)	(0.0519)	(1.226)
国内取引集中度	-0.458*	-47.88	0.0248	0.365
	(0.262)	(75.41)	(0.0953)	(1.847)
組織規模	-0.540***	-20.24	0.0658**	1.020
	(0.0860)	(21.60)	(0.0326)	(0.878)
登録率	-0.581	243.3	0.357*	-2.852
	(0.497)	(185.7)	(0.188)	(3.670)
離職率	0.0507	-80.79	-0.0913	0.723

（図表 4-2 つづき）

	(1) 相対的 事業成長	(2) 絶対的 事業成長	(3) 相対的 人員成長	(4) 絶対的 人員成長
	(0.0585)	(67.40)	(0.0623)	(1.064)
入職率	-0.0253	133.5 *	0.0136	-1.427
	(0.0793)	(70.17)	(0.0825)	(0.992)
拒絶理由回数	0.341	158.1	-0.0687	-0.953
	(0.309)	(98.77)	(0.100)	(2.397)
請求項数	-0.0218 **	-1.001	0.00442	-0.0304
	(0.0106)	(4.807)	(0.00504)	(0.111)
頁数	0.0133 ***	-1.300	-0.00119	-0.0592
	(0.00414)	(1.579)	(0.00172)	(0.0439)
定数	3.458 ***	207.8	0.481 ***	5.999 *
	(0.504)	(155.4)	(0.152)	(3.401)
観測数	430	430	382	430
組織数	48	48	48	48
R2 乗（within）	0.665	0.168	0.236	0.120
F 値 /Wald カイ 2 乗	22.74 ***	112.48 ***	41.51 ***	7.066 ***
組織固定効果	YES	NO	YES	YES
年固定効果	YES	YES	YES	YES

*** p<0.01, ** p<0.05, * p<0.1，括弧内は頑健な標準誤差。
出所：筆者作成。
紙幅の都合で年ダミーの記載を省略している。

4. 追加的分析

さらに，代替的な組織成長指標を用いて追加的分析を行う。BP 検定とハウスマン検定の結果を確認し，図表 4-3 のモデル（1）から（3）は，固定効果モデル，モデル（4）は，プーリングモデルで推計した結果を示している。

モデル（1）では，八つの側面の成長の指標を一つにまとめるために主成分分析を行い，その第一主成分を被説明変数としたものである[10]。モデル 1 では，顧客範囲のみが負で有意である。モデル（2）では，5 年後相対的事業成長（t 年の出願数と t+4 年の出願数）を用いて被説明変数を算出した。このモデルでは，サービス範囲のみが正に有意である。

モデル（3）では，2 期先のラグを挿入した相対的事業成長，モデル（4）では，3 期先のラグを挿入した相対的事業成長を被説明変数とした。これらのモデルでは，顧客とサービス範囲のいずれも組織成長に影響を与えない。

図表 4-3　代替的な組織成長指標を被説明変数とした回帰分析の結果

	(1) 主成分分析による成長指標	(2) 5 年後相対的事業成長	(3) 2 期先の相対的事業成長	(4) 3 期先の相対的事業成長
顧客範囲	-2.670***	-0.288	-0.0235	-0.0139
	(0.478)	(0.357)	(0.0601)	(0.0595)
サービス範囲	2.851	4.609*	-0.0971	-0.283
	(1.968)	(2.596)	(0.247)	(0.261)
弁理士数	0.581*	-0.537	-0.0226	-0.0890**
	(0.328)	(0.545)	(0.0400)	(0.0395)
組織年齢	1.192	-2.272***	-0.0364	0.0691
	(1.102)	(0.660)	(0.109)	(0.0587)
国内取引集中度	-0.562	0.713	-0.0207	-0.261
	(1.284)	(0.633)	(0.121)	(0.218)
組織規模	-0.928***	-0.603	-0.120**	-0.0579
	(0.344)	(0.446)	(0.0476)	(0.0411)
登録率	-6.213***	-1.621	-0.0495	-0.460
	(2.074)	(1.939)	(0.230)	(0.398)
離職率	-0.527	-0.346**	-0.0738	-0.00477
	(0.435)	(0.155)	(0.0618)	(0.0772)
入職率	-0.737	0.311	-0.0113	0.133
	(0.635)	(0.301)	(0.0648)	(0.0837)
拒絶理由回数	2.229	0.0412	0.187	0.288
	(1.857)	(0.634)	(0.127)	(0.187)
請求項数	-0.0406	0.0671	-0.0145**	-0.00511
	(0.0684)	(0.0675)	(0.00603)	(0.00692)
頁数	0.00942	0.0268**	0.00422	0.00106

（図表 4-3 つづき）

	(1) 主成分分析による成長指標	(2) 5 年後相対的事業成長	(3) 2 期先の相対的事業成長	(4) 3 期先の相対的事業成長
	(0.0175)	(0.0128)	(0.00263)	(0.00284)
定数	12.85***	13.23***	1.117***	0.603**
	(3.913)	(3.443)	(0.317)	(0.230)
観測数	382	336	382	334
組織数	48	48	48	48
R2 乗（within）/R2 乗	0.414	0.449	0.247	0.204
F 値	22.41***	9.369***	29.05***	21.87***
組織固定効果	YES	YES	YES	NO
年固定効果	YES	YES	YES	YES

*** p<0.01, ** p<0.05, * p<0.1，括弧内は頑健な標準誤差。
出所：筆者作成。
紙幅の都合で年ダミーの記載を省略している。

5. ディスカッション

PSFs の成長に何が影響するかは一つの重要な論点であるが，既存研究は十分に取り上げてこなかった（Eckardt & Skaggs, 2018）。本章では PSFs の文脈で，顧客とサービス範囲の拡張が，組織成長に与える影響を分析した。

顧客およびサービス範囲の拡張は，いずれも成長戦略の実行であり，PSFs の経営者サービスを消費する。本章では，経営者サービスを主にパートナーの時間として具体的に捉えて分析を進めた。顧客とサービスの拡張では，それぞれパートナーが投入しなければならない時間が異なる。すなわち，顧客範囲の拡張は，パートナーの時間を消費するため，将来の成長計画のための時間が確保できなくなり，組織成長を減速させると考えられる。一方で，サービス範囲の拡張は，パートナーからアソシエイトへ分業が可能であり，分業方法に依存して，パートナーが将来の成長計画のための時間を確保できるかどうかが変わるため，組織成長への効果は変わると考えられた。

被説明変数によって異なる結果を示していたが，主たる分析結果は，顧客範囲の拡張は負の相関を示し，サービス範囲の拡張は正の相関を示していた。顧客とサービスの拡張でパートナーへの負荷の違いがあり，成長計画に回すことができる時間に違いを生むことで，組織の成長率に差が生まれると考えられる。

本章の貢献は次の通りである。

第一に，PSFsの文脈で組織成長を取り上げたことである。特に，PSFsの戦略の実行過程を考慮に入れて組織成長を分析したことである。具体的には，パートナーとアソシエイトという分業の特性に注目して，顧客とサービスという成長戦略の次元によって組織成長への影響が異なることを明らかにした。これは，既存研究が示してきたように，戦略が組織の構造的特性を通じて成果を決めることを示している（Wasserman, 2008）

第二に，市場よりも細かい顧客レベルで分析を行ったことである。これによって，組織成長の戦略研究に，ミクロな基礎を提供することができた。既存研究では，市場よりも細かいレベルでの情報，つまり顧客レベルでの情報を得られておらず，集計されたレベルでの市場への参入を用いて分析されてきた（Mishina et al., 2004）。集計レベルの違いによって，変数が与える効果は異なる可能性があり，本章の分析は，ミクロレベルでの顧客範囲の効果を示す結果を提供している。

第三に，パートナーの時間に注目して組織成長の違いを説明したことである。経営者サービスが組織成長を決定するという見方にはすでに長い歴史があるが，経営者サービスがどのように提供されるのかについては理解が進んでいない。本章では，パートナーが将来の成長計画のための時間の確保できるかによって組織成長が決まるとして仮説を展開した。一般に組織の管理者は限られた時間の中で多数の仕事を並列して行っており（Mintzberg, 1973; Seshadri & Shapira, 2001），どのような活動に時間を配分するかが組織全体の成果を決定する。このように組織全体にとっても時間の使い方が重要であるにもかかわらず，マネジメントを担う者がどのような活動にどれだけ時間を割いているのかについてはごく限られた研究しか行われていない（久米，

2015)。本章の結果は，特定の活動に紐付けられた時間に注目した説明の必要性を示唆している。

実務的インプリケーションは，次の通りである。

第一に，事務所レベルでは，PSFsは，顧客とサービスの範囲の拡張のいずれを優先すれば良いかという点についてである。本章の結果は，顧客よりもサービス範囲の拡張を優先した方が良いことを示している。大規模事務所であっても，パートナーの人材は限られているため，その時間は容易に拡大しにくい。よって，パートナーたちは，顧客とサービスのいずれを優先するかという問題に直面する。PSFsの提供サービスはカスタマイズ度合いが高いため，顧客の開拓や維持にパートナーたちの時間の投入を要する（Nanda & Narayandas, 2021）。従って，パートナーの時間を有効に活用するためには，既存顧客へ多様なサービスを提供するクロスセリングが有効であるといえる（Brymer et al., 2020）。

第二に，個々の専門職レベルでのパートナーの時間の使い方についてである。顧客範囲を拡張することは，短期的に成長率を低下させるため，パートナーはそれ以外に時間を費やした方が良い。例えば，アソシエイトたちへの仕事の割り当て方を改善したり，アソシエイトを補助する特許技術者を増やしたりといった，アソシエイトがサービス範囲の拡張を行いやすいような組織構造を整備することに時間を投入すること，あるいは，アソシエイトを育成し昇進させることに時間を投入することで，長期的に自らの時間を増やすことができる。このようなパートナーの努力によって，組織の成長率を維持することができるであろう。

本章の限界は，次の通りである。

第一に，特許事務所の中でも大規模な事務所のみを対象としたことである。第2章で説明したように，日本においても，特許事務所全体で見れば，大規模事務所は少数派である。冒頭で述べたように，事務所の規模に応じて組織内分業が異なるため，異なる規模の事務所に本書の発見をそのまま適用できるとは限らない。

第二に，組織内分業を直接的に捉えられていないことである。パートナーとアソシエイトという組織内分業は，米国を中心に普及していたが（Morris

& Pinnington, 1998; Phillips, 2001)，日本で全く同じ方法で運用されているわけではない。例えば，日本では年功序列に近い運営を行っている事務所もある（Aronson, 2012）。事務所ごとに分業体制が大きく異なる可能性が残されているため，本章の結果は，顧客とサービスという二つの成長戦略をそれぞれ担当する専門職が分業していることを前提として導かれたものであることに注意を要する。

第三に，顧客とサービスの間の相互作用を考慮していない点がある。現実には，これらの二要素の独立は前提としにくい。顧客の選択がサービスの選択と関係しており専門知識の蓄積にも影響している（Løwendahl, 2005; Skjølsvik et al., 2007）。このように選択が独立していないことにより，内生性を生じ推計結果にバイアスをもたらす可能性がある。将来の研究では，操作変数法などを用いたより精緻な分析を必要とする（Mayer et al., 2015）。

6．補論

なぜ，顧客とサービス範囲では組織成長への効果が異なるのか。この点についてさらに理解を深めるために，長期的な取引関係にある顧客からどの程度の取引を獲得しているのかを示す。

本書の分析対象となった48の特許事務所では，過去3年間継続した取引がある顧客からの取引が占める割合は80.8％程度，過去5年間継続した取引がある顧客からの取引が占める割合は70.0％程度に達している。Mawdsley & Somaya（2021）が米国の特許事務所を対象にした分析で明らかにしたように，専門サービスの取引は長期間にわたる継続した取引による。継続的な事業成長のためには，長期的な取引のある既存顧客への多様なサービスのクロスセリング戦略を採ることになる。

このような結果を踏まえれば，専門サービス産業では，外部機会が主に既存顧客との関係で形成されていると考えられる。一方で，製造業を対象にした既存研究では，新規市場開拓に注力した方がイノベーションに注力するよりも，組織成長をより早期に実現できるという結果を示している（Mishina et al., 2004）。このような違いが生まれるのは，何を，そして，どのように売っているのかが産業によって異なるからであると考えられる。専門サービスのように，カスタマイズ度合いが高い場合は，継続的，長期的取引によって既存顧客へのサービス提供が主となる。そうだとすれば，既存の製品・サービスを用いて，新規市場に注力する，すなわち，新規顧客を開拓することは成長につながりにくい。すでに述べたように，既存顧客への浸透戦略やクロスセリング戦略が成長の実現に有効であろう。

〈注〉

1　第3章で説明したように，ここでは，多角化をサービスの幅を示す用語として用いている（Eckardt & Skaggs, 2018）。一般的な製造業で用いる事業レベルの多角化よりも，よりミクロレベルのサービス単位での多角化を意味している点で異なる用法であることに留意されたい。

2　第1章で述べたように，以下では，時間のみに注目して説明する。

3　有機的成長の方法として，起業家精神による成長は，「新旧の市場における既存および新規の機会を，新旧の製品やサービスを使って開拓することで実現する」（Brush et al., 2009）としている。

4　ここでは，資源は，製品やサービスの裏付けとなるものであり，表裏一体のものであると考えている（Wernerfelt, 1984）。ただし厳密にいえば，論者ごとに違いがある。例えば，Penrose（1959）は，資源とそこから引き出される生産的サービスを明確に区別しており，同じ資源を保有していてもそこからどのような使い途を見つけ出しサービスを引き出すかは組織ごとに違うとしている。特許事務所に適用してこれを考えると，同じ専門職を雇用し，その専門知識を管理下においていたとしても，事務所ごとに専門職の能力の引き出し方は異なるといえる。ゆえに，効果的，効率的な専門職の能力の活用方法について，経営者としてのパートナーが負う役割が大きいのである。

5　例えば，Mawdsley & Somaya（2018）は，米国の特許を扱う法律事務所を対象として，顧客側が事務所側の多角化を誘導するとしている。

6　例えば，岩永（2014）は，日本の文脈では，顧客企業が，特許事務所に一括して出願を依頼し，その事務所に担当弁理士への仕事の割り振りを任せてしまうことが多いとしている。

7　この時間は，実際にサービスを提供する時間ではないため，顧客に請求可能な時間ではない（Maister, 1993）。従って，新規顧客の獲得のために費される時間は，その時点での事務所の売上高には入らない。

8　このような指標をKPIとして用いることには限界がある。一方で，特許事務所の業務では，技術情報は特許によって成文化されていること，出願までの過程は定型化されていることといった理由で，企業法務などの法律サービスと比較すれば，相対的に標準化されている。標準化がある程度可能なサービスであれば，階層的分業と規則による管理がよりやりやすくなるとされている（Guzak & Rasheed, 2014）。

9　サービス範囲の拡張をハーフィンダール・ハーシュマン指数によって測定しているため，厳密にサービス範囲を新規の技術領域に広げたかどうかは測定できていない。ただし，過去には少数の出願しかなかった技術領域での出願を増やすことは，提供可能な主たる技術領域を拡張したことを意味する。

10　八つの変数とは，先の回帰分析で用いた，(1) 相対的事業成長，(2) 絶対的事業成長，(3) 相対的人員成長，(4) 絶対的人員成長と，第5章で用いる，(5) 相対的地理的拡張，(6) 絶対的地理的拡張，さらに，(7) 相対的国内顧客数成長，(8) 絶対的国内顧客数成長である。(7) および (8) は，t年の事務所の国内顧客数を元に算出している。いずれの変数も対前年比である。

第5章
組織成長と地理的拡張

1. はじめに

第4章では，顧客とサービス範囲の拡張と組織成長の関係を分析した。そこでは組織がどこで顧客とサービス範囲の拡張を行うのかという地理的観点を入れていなかった。地域を越えて事業範囲を拡張することは，成長戦略の重要な手段である。営利企業と同様に（Barringer & Greening, 1998; Brush et al., 2009; Iacobucci & Rosa, 2005），PSFsでも成長戦略の一つとして国内外の他の地域への進出が挙げられる（Kor & Leblebici, 2005; Nachum & Song, 2011）。PSFsの規模拡大は，地理的拡張を伴う可能性があり（Daniels, 1993），組織成長の過程で注目すべき要素の一つである。本章では，顧客とサービス範囲が，特許事務所の地理的拡張にどのような影響を与えるのかを分析する。

PSFsにとっては，新規地域への進出は，その地域での新たな顧客の探索と，その顧客との関係の開始と構築を意味するため，既存地域および既存顧客への事業と比べて不確実性が高い。すなわち，新規地域への進出は，経営者としての責任を持つ上級専門職（本章では以下，パートナー）の提供する経営者サービスのうち，起業家的なサービスを提供する必要がある[1]。

起業家的なサービスによって発見される外部機会の魅力の程度は，パートナーの主観に依存する。言い換えると，パートナーが，顧客およびサービス範囲の拡張を，地理的な拡張と結びつけるかどうかは，パートナーが新規地域にある外部機会をどの程度魅力的と捉えるかという主観に依存するのである。このような主観的に形成される外部機会の魅力度を，研究者は直接観察することは難しい。そこで，本章では，複数の仮説を立てて分析を行った。

分析結果によれば，顧客範囲は地理的範囲と正の相関を持つことが明らかになった。一方で，サービス範囲と地理的範囲は無相関であった。これは，顧客の次元では，外部機会を新規地域で発見する傾向があることを意味している。この結果を，第4章で得られた結果と合わせると，なぜ顧客範囲の拡張が組織成長と負の相関関係にあるのかをより深く理解することができる。顧客を新規地域まで進出して探索し関係を維持することは，パートナーの時間をより多く投入する必要がある。結果として，パートナーの時間のうち，将来の成長計画のために回すことができる時間が減少し，組織全体の成長が減速すると考えられる。それだけでなく，パートナーが顧客範囲の拡張に費やす時間が増えることで，他の活動に割り当てていた時間は全体的に減らされる。その結果として，その時点でのサービスのオペレーションにも問題が生じる。こうした追加的問題の解決に，パートナーは追加的な時間を投入する必要に迫られるため，将来の成長計画のために利用できる時間は減少する。以上のように，顧客範囲の拡張と地理的拡張が結びついていることを明らかにしたことで，組織成長の減速理由をより深く理解できた。

2. 既存研究の検討と仮説の導出

2-1. 成長ベクトルにおける地理的拡張

組織成長の過程での地理的拡張を捉えるために，前章で説明したAnsoff (1965) の理論的枠組みを拡張する。前章では，市場軸と製品・サービス軸の2軸で成長戦略を類型化した。ただし，成長戦略にはもう一つの軸として地理的範囲の拡張も含まれており，それを合わせたものを図表5-1に示す。

図表5-1に従えば，特許事務所は既存地域で顧客やサービスを拡張するのか，あるいは，新規地域まで進出して顧客やサービスを拡張するのかという選択肢を持っている。地理的範囲の拡張は，事務所の経営に責任を負うパートナーが，外部機会をどのように評価するかに依存して決まる。これは，すでに説明したようにPenroseのいう経営者サービスの二つの機能のうち起業家的なサービスによる[2]。

具体的にいえば，図表5-1において，顧客およびサービス範囲の拡張と地理的範囲の拡張のみに注目すると，パートナーは次のような四つの外部機会から選択することになる[3]。

図表 5-1　地理的範囲を加えた Ansoff の成長戦略の枠組み

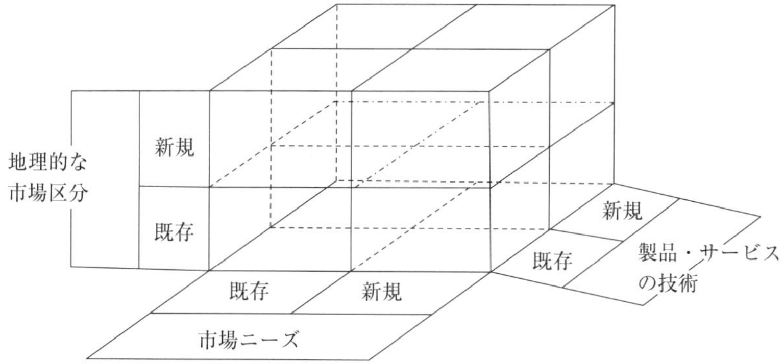

出所：Ansoff（1965）p. 110

（1）既存地域で新規顧客にサービスを提供する。

（2）新規地域で新規顧客にサービスを提供する。

（3）既存地域で新規の専門知識を用いるサービスを提供する。

（4）新規地域で新規の専門知識を用いるサービスを提供する。

Ansoff の枠組みでは成長の外部機会の発見を整理しているものの，その実行過程で発生する費用を示していない。実行過程で発生する追加費用は，とりわけ，PSFs においては少なくないとされている。例えば，新たな地域へ進出する初期段階で，PSFs は立ち上げコストを負担しなければならないこと（Gilson & Mnookin, 1985），あるいは，新たな地域を担当するパートナーが顧客知識を学習しなければならないことや，初期の関係資産の構築に時間を投入しなければならないことが分かっている（Kor & Leblebici, 2005）。

実際の顧客とサービス範囲の拡張は，専門職が空間の中で移動したり相互に調整したりといった過程を増やす。地理的な活動範囲が広くなればそれだけ，組織内調整が複雑になり追加的な費用が発生しやすくなるのである（Boh et al., 2007）。

2-2. 顧客範囲と地理的拡張

第4章で述べたように，顧客範囲の拡張は，主にパートナーの仕事である。パートナーがどこに顧客を発見し，関係を維持するかは，パートナー自身が主観的に形成する外部機会の大きさに依存する（Penrose, 1959, 1980, 1995)。パートナーが，既存地域で外部機会を発見し続けることができ，さらに，新規地域のそれよりも大きければ，既存地域に留まるであろう。その逆であれば，新規地域へと参入すると考えられる。

最初に，既存地域内での顧客範囲の拡張に注力する理由として以下が考えられる。既存地域内での事業経験はその地域内での顧客発見に有利に働く可能性がある。顧客範囲の拡張に必要な顧客知識は公的情報だけでなく私的情報も含まれており，継続的関係がなければ容易に入手できないと考えられる（Uzzi, 1999; Uzzi & Lancaster, 2003)。具体的にいえば，顧客知識は大きく分けて三つの知識があり（Empson, 2001)，それは，(1) 特定の業界に関する一般的な理解，(2) 特定の顧客企業に関する詳細な知識，(3) 顧客企業内の主要人物に関する個人的な知識，である。これらの知識は，パートナーの主観的な外部機会の構成に影響する。パートナーは，既存地域での情報がより多く入手可能であり，既存地域での外部機会の発見を継続できるのだとすれば，既存地域内での顧客の探索を優先するであろう。

次に，新規地域への進出による顧客範囲の拡張に注力する理由として以下が考えられる。既存地域内での市場や顧客情報に詳しいことは，その地域での市場の飽和を把握することにもつながる。パートナーは成長計画の立案過程で，外部機会が発見できないと結論づけ，将来的な成長性が見込めないと判断するかもしれない。この場合には，パートナーは新規地域への拡張のリスクを引き受けるであろう。特に，日本では全国で一律の弁理士資格と知的財産保護制度が運用されており，東京や大阪などの大都市部に特許事務所が集積している。特定の地域に拠点を構える事務所の評判を新規地域への進出に活用できると考えられるため（Jaffee, 2003)，事務所は都道府県間を容易に越境できる可能性がある。

以上の議論を総合すると，事務所が，顧客範囲の拡張の際に地域を越えるかどうかは，パートナーが形成する主観的な外部機会の魅力度に依存するため，事前には予測できない。従って，以下のように二つの仮説を導出する。

仮説 1a　顧客範囲の拡張は，地理的拡張と正の相関がある。
仮説 1b　顧客範囲の拡張は，地理的拡張と負の相関がある。

2-3. サービス範囲と地理的拡張

第 4 章で述べたように，サービス範囲の拡張は，パートナーと主にサービスオペレーションを担当する一般の専門職（本章では，以下，アソシエイト）が協働して進める。パートナーが受け持つことが出来る専門領域には限界があるため，複数のアソシエイトにサービスオペレーションは分業して進められる。サービス範囲が広ければそれだけ，パートナーやアソシエイトは，既存のサービスを組み合わせることで，外部機会を発見しやすくなると考えられる。ただし，その外部機会がどの場所で発見されるかは，PSFs に特有の文脈が関連している。

第一に，専門サービスでは，既存顧客との関係構築が，サービスの提供に先立つため（Maister, 1993; Skjølsvik et al., 2007），パートナーは，既存顧客との関係の中で，外部機会を発見することに注力すると考えられる（Mawdsley & Somaya, 2018）。専門サービスは同じ顧客から発注を継続的に受けるという意味でリピートビジネスであり，いったん顧客関係を構築できればその顧客へ広い範囲のサービスを提供するというクロスセリング戦略が採用される傾向にある（Mawdsley & Somaya, 2021）。こうした傾向は，パートナーが外部機会を新規地域で発見することを抑制するため，新規地域への拡張は抑制されるか，あるいは，新規地域への拡張にはつながらないと考えられる。

第二に，パートナーはアソシエイトと協働してサービス範囲の拡張を行うため，地理的に拡張するかどうかはアソシエイトの活動に制約を受ける。サービス範囲の拡張については，パートナーは，アソシエイトの形成する主観的な外部機会を通して既存地域と新規地域の魅力度を判断する。第 4 章で確認したように，サービス提供のオペレーションを担当するのはアソシエイトであり，アソシエイトは多くの時間をオペレーションに投入している。アソシエイトは，既存顧客に多くの時間を割り当てており，顧客についての知識も深く蓄積することになるため，その顧客関係の中で事業機会を発見しやすくなる。さらに，アソシエイトは，起業家的なサービスを発揮するために必要な経験を蓄積する時間を十分に持っていない。つまり，それまでのキャリアで十分に起業家的なサービスを提供するための経験を積んでいないことを意味する（Penrose, 1959, 1980, 1995）。よって，アソシエイトは，新規地域で外部機会を発見するよりも，既存顧客との関係の中で需要を新たに掘り起こすことに注力すると考えられる。以上を総合すると，パートナーとアソシエイトにとって，既存地域の方が外部機会の主観的魅力度が高くなり，新規地域への拡張は抑制されるか，あるいは，新規地域への拡張にはつながらないと考えられる。従って，次の二つの仮説を導出する。

仮説 2a　サービス範囲は，地理的拡張と負の相関がある。
仮説 2b　サービス範囲は，地理的拡張と無相関である。

3. 推計方法と分析結果

3-1. 推計方法

第 3 章で示したように，組織の地理的拡張は，相対的地理的拡張と絶対的地理的拡張の二つで測定する。本章では，顧客の住所地を元に，特許事務所が進出している都道府県数で測定した。既存研究では，多店舗展開を行う産業の場合には，実店舗数を基準に用いる場合もある（小本，2017）。しかし，PSFs のような顧客来店型のサービスでない場合には，店舗数などの物理的な資産の成長を測定できない。そこで，本章では，既存研究に倣い，顧客の住所地を代替的に用いた（Bills et al., 2016）。

第 4 章と同じ手順で回帰分析のモデルを比較した。すなわち，プーリングモデル，変量効果モデル，固定効果モデルを比較するために BP 検定，ハウスマン検定（Hausman, 1978）を行った。いずれのモデルでも固定効果モデルが支持されている。

3-2. 分析結果

図表 5-2 に回帰分析の結果を示す。VIF の最大値は 7.85 である（平均値は 2.82）。被説明変数と説明変数の間に 1 年のラグを挿入している。

相対的地理的拡張と絶対的地理的拡張ともに，仮説 1a と仮説 2b が支持された。顧客範囲は地理的拡張に正であるが，サービス範囲は有意でない。従って，顧客範囲を拡張していく際に，パートナーは新たな地域に外部機会を見いだし進出する可能性が高いことが分かる。一方で，サービス範囲を拡張しても，新たな地域への進出にはつながらないことが明らかになった。

図表 5-2　相対的地理的拡張と絶対的地理的拡張の回帰分析の結果

	(1) 相対的地理的拡張	(2) 絶対的地理的拡張
顧客範囲	0.215 ***	4.860 ***
	(0.0748)	(0.937)
サービス範囲	0.0232	-0.916
	(0.295)	(4.140)
弁理士数	0.0925 *	1.453 *
	(0.0537)	(0.804)
組織年齢	0.297 ***	2.716 ***
	(0.0903)	(0.972)
国内取引集中度	0.221 *	3.448**
	(0.130)	(1.634)
組織規模	-0.188 ***	-1.764 **
	(0.0642)	(0.800)
都道府県数	-0.0499 ***	-0.843 ***
	(0.00676)	(0.0684)
登録率	-0.715 **	-7.768 *
	(0.338)	(3.966)
離職率	0.0435	0.145
	(0.0678)	(0.985)
入職率	-0.190 **	-2.729 **
	(0.0923)	(1.236)

（図表 5-2 つづき）

	(1) 相対的地理的拡張	(2) 絶対的地理的拡張
拒絶理由回数	0.0440	0.577
	(0.169)	(2.350)
請求項数	0.00274	0.112
	(0.0113)	(0.135)
頁数	0.00359	0.0285
	(0.00331)	(0.0389)
定数	0.121	-6.670
	(0.398)	(4.588)
観測数	430	430
組織数	48	48
R2 乗（within）	0.390	0.419
F 値	12.44 ***	23.55 ***
組織固定効果	YES	YES
年固定効果	YES	YES

*** p<0.01, ** p<0.05, * p<0.1，括弧内は頑健な標準誤差。
出所：筆者作成。
年ダミーは紙幅の都合で省略する。

4. 追加的分析

追加的に分析を行い結果の頑健性を確認する。被説明変数とのラグを 2 期，3 期先にして回帰分析を実施した。すべての仮説が支持されなかった。この結果が意味することは，顧客範囲と新規地域への拡張の関係は，短期的にしか見られないということである。

新規地域への拡張は，新規顧客の獲得を意味するため，地域拡張と顧客拡張は独立した成長戦略ではないことを注意した上で，第 4 章の回帰分析の中に入れて追加で分析した。そこで，第 4 章のモデルに第 5 章の被説明変数（相対的地理的拡張と絶対的地理的拡張）を加えたが，有意な結果は得られていない。新たな地域に進出する効果（Davidsson et al., 2010）は，直接的には組織成長に影響していないことが分かった。

さらに詳しく考えるために，特許事務所の個別の顧客特性を確認した。その結果，新規顧客は，中小企業や大学など，これまでの大規模事務所の主要顧客とは異なる顧客への拡張であったことが分かった。これらの「新しい顧客」は，2002 年に，知財立国宣言によって政策的に形成されつつあった。一方で，既存の大企業は出願を抑制し，国内の出願数は全体として成長率が減速していた。特に，それまでの主要な顧客であったエレクトロニクス業界の国内出願数は減少していたことから，大手事務所は新規顧客，特に，新規地域での顧客開拓に注力したと考えられる。

実際に，どのように新規地域への拡張がなされているのか公開情報に基づいて，本部の拠点が異なる三つの事務所のケースを示す。

最初に，関東圏のある特許事務所である。この事務所は，観測期間を通じて 25 程度の都道府県の顧客から受任している。東京都，愛知県，大阪府，の三つの都府県からの受任が多くを占めている。それ以外の地方からの出願は，継続的ではあるものの受任数は少ない。顧客が，大学や地方自治体，あるいは中小企業であるためである。

次に，中京圏のある特許事務所である。この事務所は，観測期間を通じて五つ程度の都道府県の顧客から受任している。愛知県の受任が多くを占め，次いで東京都の顧客からの受任が多い。関西圏では受任はあるが継続的な取引にはなっていない。

次に，関西圏のある特許事務所である。この事務所は，観測期間を通じて 18 前後の都道府県の顧客から業務を受任しているが，大阪府の顧客からの受任が最も多い。また関西圏からの受任が多くを占めている。東京や千葉は継続した受任があるが，受任数は少ない。それ以外の地方での受任は少量であり継続的な取引ではない。

このような短期的な受注の変動が，ラグを長くすると仮説で想定した関係が見られない理由であると考えられる。

以上は，逸話的なケースに過ぎないことを認めなければならないが，特許事務所にとっての新規地域での顧客との関係は，一時的なものである。新規地域で需要があったとしても地域を越えた顧客の獲得と関係維持は既存地域内でのそれと比較して容易にはいかない。具体的には，都道府県を越えて顧客範囲を拡張した場合には，パートナーの時間を大量に投入することになる。取引を開始すると決まった後に，サービスの内容が確定されるため（Maister, 1993），パートナーは取引が安定しアソシエイトに分業が可能な状態になるまで継続的に顧客についての知識を収集し関係を安定する努力を必要とする。つまり，地域を越えた顧客との関係は維持が難しく容易に壊れやすいため，パートナーは継続的に時間を投入しなければならないことになる。

5. ディスカッション

地理的拡張は成長戦略の一つである。地理的拡張は，顧客範囲の拡張と関係しており，顧客をどこで発見するかという問題である。言い換えれば，顧客を新規の地域で発見するかどうかは，パートナーが外部機会をどこで発見し，それがどの程度魅力的であると考えるかに依存する。このような判断は，パートナーが主観的に形成する外部機会の魅力度に依存しているため，事前には予測できない。そこで，本章では複数の仮説を設定し実証分析を行った。

分析結果によれば，顧客範囲の拡張を進めると，事務所は新たな地域へ進出する。すなわち，パートナーは新規顧客との関係を新規地域で発見しやすい。外部機会の価値を重視すれば，このような成長計画は正しいが，成長計画の実行，つまり，サービスオペレーションにはパートナーとアソシエイトの時間を要する。特に，PSFsにおいては，サービス提供では，顧客へのカスタム度合いが高いため，顧客との相互作用が必要であり，顧客がより近距離にいれば，それだけ関係構築や維持が容易である。逆に，顧客との地理的距離が遠ければ，事務所は，それだけ時間的な費用を負担することになる。現代の通信手段がこうした時間を削減してくれるとしても，顧客との頻繁な対面でのやりとりができないことや本部の事務所の同僚と情報交換が制約されることによって（Gertler, 2003），パートナーが投入すべき時間が増加すると考えられる。

以上のような本章の結果と，前章の結果を合わせれば，なぜ顧客範囲の拡張が組織成長と負の相関を示すのかがより深く理解できる。つまり，顧客範囲の拡張が，新規地域への拡張を通して行われるために，パートナーは顧客の発見と関係維持，アソシエイトはサービスオペレーションに追加的な時間を必要とする。例えば，パートナーが不慣れな地域で顧客を探索する時間，関係維持のために継続的に遠距離顧客とのコミュニケーションを取る時間，また，一時的に本部事務所に不在となることで組織内に向けて遠距離から指示・監督するための時間などがかかるであろう。アソシエイトにとっても，遠距離の顧客との仕事は時間がかかる上に，一時的にでも遠方に出向く場合には，事務所内での業務を地理的に分散した状態で行うことになるため，知識共有やコミュニケーションは対面でのやりとりよりも効率性が落ちる（Gertler, 2003; Hinds & Kiesler, 2002）。このように，既存地域を越えた顧客範囲の拡張は，顧客とのやりとりおよび事務所内調整で追加的な時間を発生させてしまう。結果として，成長計画を立案する時間は減少し，組織成長と負の相関をもたらすと考えられる。

本章の貢献は，以下の点である。

第一に，PSFs の文脈で地理的拡張を分析したことである。PSFs の地理的拡張は十分に取り上げられていなかった（Eckardt & Skaggs, 2018）。Davidsson et al.（2010）によると，「新しい不慣れな地理的環境に進出することの効果については，国際化の文脈以外ではほとんど研究されていない」とされている。この点に関して，本章は，国内での地理的拡張が顧客範囲の拡張の過程でどのように行われるのかを分析し，顧客範囲を拡張する場合には，新規地域へ拡張する傾向があることを明らかにした。ある組織の売上高が，集計された数値の上では，同じ売上高であったとしても，それがどこからもたらされているのかは注目すべき点である。というのは，より地理的に分散した顧客と取引を行う場合にはそれだけ費用が高くなるためである。既存研究では，成長戦略がもたらす正の効果を重視することが多かったが，成長戦略には負の効果も付随している（Eckardt & Skaggs, 2018）。地理的範囲を考慮することは，組織が対処すべき複雑性と負担すべき追加的費用を考慮に入れることであり，成長戦略の実行過程で発生する調整費用をより深く理解することにつながる。

第二に，PSFs における経営者サービスのうち，起業家的なサービスを取り上げたことである。PSFsの研究においては，専門職論理と起業家的論理は対立するものとして捉えられてきたため，専門職の起業家的活動については研究が十分に進んでいない（Reihlen & Werr, 2015）。本章では，パートナーの起業家的なサービスとして，新規地域への拡張を説明した。新規地域への拡張は，既存地域での事業拡大よりも，リスクが高く起業家的なサービスを発揮する必要がある（Barringer & Greening, 1998; Greening et al., 1996）。ただし，パートナーとアソシエイトでは，起業家的なサービスに投入できる時間が異なっており，それまでのキャリアで経験的に得られる経営者サービスに利用可能な知識に違いがある。この結果として，パートナーとアソシエイトでは異なる外部機会を主観的に形成していると考えられた。つまり，顧客範囲の拡張では，パートナーがより主導的な役割を担当するため，積極的に新規地域へ拡張する傾向にある一方で，サービス範囲の拡張は，主にアソシエイトによって進められるため，新規地域へ拡張することはない。顧客とサービスのそれぞれの成長戦略によって，新規地域への拡張という外部機会への対応が異なることが明らかになった。

実務的インプリケーションは，以下の点である。

第一に，顧客範囲の拡張は，地理的拡張を通して起こるため注意を要することである。それは，事務所の活動が行われる空間的範囲が拡張していくことを意味する。一般に，特定の地域の顧客の需要を掘り起こしてしまうと，別の地域の顧客を開拓しなければならないため，遠方での顧客獲得に着手することは自然なことである。しかし，顧客関係の構築のためには，遠方の顧客はパートナーがより多くの時間を投入する必要がある。これは，既存地域内よりも遠方へ顧客を探索することを意味するため，パートナーの時間をさらに消耗してしまう原因になるだろう。直接的には，パートナーは将来の成長計画のための時間を取ることが困難になり，さらに，パートナーが本拠地の事務所を不在にする時間が長くなることは，アソシエイトの監督や事務所の経営管理に十分な時間を割くことができなくなることを意味する。その結果，既存の事業にも悪影響をもたらし，成長戦略の実行にも十分な時間を割けなくなるであろう。このような結果は，PSFsの既存研究ですでに観察されている。例えば，会計事務所を対象とした研究では，次のことが明らかになっている（Beck et al., 2019; Francis & Yu, 2009; Vera-Muñoz et al., 2006）。すなわち，地理的な距離が，監査人同士の相互作用である，モニタリング，知識移転，資源共有に影響し監査の質が低下するとされる。このように，新規顧客を新規地域で求めることはリスクの高い成長戦略であることに注意する必要がある。

第二に，サービス範囲の拡張は地理的拡張とは直接的には関係していない。サービスオペレーションはアソシエイトへ分業されており，アソシエイトは，既存顧客へのサービスオペレーションに時間を投入しなければならないため，顧客範囲の拡張や地理的拡張を意図しないからであろうと考えられる。そうだとすれば，顧客範囲よりも，サービス範囲拡張を優先した方が，パートナーとアソシエイト双方の時間を節約できるため，組織成長を維持しやすい。従って，パートナーはサービス範囲の拡張を推進しやすい組織体制を整えるように時間を使った方が良い。例えば，アソシエイトの補助者を増やすことや，アソシエイト間の知識共有を高める仕組みを整えることなどを通して，パートナーはアソシエイトがより効率的に時間を活用できるように支援できる。

本章の限界は，次の通りである。

第一に，起業家的なサービスの具体的な測定である。Penrose が述べているように，どこに外部機会を発見するかは，それまでの経験によって規定される。客観的な外部環境の魅力度合いというよりも，パートナーを中心とした経営陣が主観的に形成する魅力度合いである。パートナーたちが認識する外部機会がいつ飽和するのか，どのようにパートナーたちに映っているのかは直接的に把握できない。この点は，定量的研究によって捉えることは難しいため，定性的研究によって調べる必要があるだろう。

第二に，データセットの問題である。本章では，顧客からの受任が事務所側からの探索によって行われると考えていた。しかし，日本の特許事務所は特定の地域に集中しており，事務所の社会的地位が高い場合や（Aronson, 2007; Podolny, 1993），顧客が技術知識の補完を求めている場合には（Wagner et al., 2014），顧客側からアプローチされることもある。本章の分析では，事務所側か，顧客かいずれからのアプローチで顧客との関係が形成されたのかは分からない。地域外の顧客からの依頼が多いのだとすれば，パートナーの起業家的なサービスは新規地域への拡張には，それほど大きな影響を持たないのかもしれない。ただし，そうだとしても，新規地域の顧客を受任するかどうかは，地理的拡張を行うかどうかという点でパートナーとアソシエイトの判断であるため，将来の研究では顧客からの受任過程をより具体的に考慮した分析を必要とする。

〈注〉

1　Penroseの枠組みでは，経営者サービスは外部機会を発見し成長計画を立案する起業家的なサービス（entrepreneurial services）とその機会を獲得するために成長計画を実行する，あるいは，それ以外の日常業務に用いられる管理者的なサービス（managerial services）がある（Penrose, 1959; Lockett et al., 2011）。前章で述べたように，PSFsの文脈では経営者サービスを提供するのは主にパートナーであることから，ここではパートナーのみに言及している。すでに触れたように，厳密にいえば，アソシエイトも部分的に経営者サービスを提供している。

2　起業家的機能として，企業者の可変性（entrepreneurial versatility），資金調達の才能（fund-raising ingenuity），企業者的野心（entrepreneurial ambition），企業者の判断（entrepreneurial judgment）の四つが挙げられている（Penrose, 1959）。

3　ここでは，形式的に四つに区分しているが，新規地域では，必然的に新規顧客から受任することになる。

終章
学術的貢献と実務的意義

1. 各章で論じてきたことの振り返り

本書では，顧客とサービス範囲が，組織成長にどのように影響するのかを分析した。題材として，専門サービス産業の文脈で分析を行い，日本の大手特許事務所を対象とした。

専門サービス産業においては，個人事務所が主体となっていた時代から大規模事務所の数が増加し，業界で影響力を持つ時代に変わってきた。大規模な組織を管理し運営するためには，個人事務所や小規模事務所とは異なる方法が必要である。比較的小規模な事務所であれば，経営・組織管理といった業務も日常のオペレーション業務も，専門職同士で相互に目の届く範囲でアドホックに調整することができる。一方で，大規模事務所になれば，このような運営は困難になり，より公式な組織内調整の仕組みが必要となる。言い換えれば，PSFsの規模が大きくなると，専門職論理だけではなく，戦略的管理も重要になってくる。経営者としての責任を持つ上級の専門職（以下，パートナー）が，経営・組織管理業務をより集権的に担うようになる。一方で，サービスのオペレーションは分権化され，一般の専門職（以下，アソシエイト）が担うようになる。

このようなタテ方向の分業によって，パートナーは日常業務から開放され，事務所の将来計画の立案のための時間を確保できるようになる（Penrose, 1959, 1980, 1995）。さらに，パートナーは，アソシエイトと協働することで，成長戦略の実行で担う役割を分担できるようになり，パートナーの用いる時間はより節約できるようになる。つまり，こうしたタテ方向の分業体制の下では，成長戦略を実行するために必要な経営者サービスの量が異なると考えられる（Penrose, 1959, 1980, 1995）。経営者サービスは，組織の成長を説明する鍵概念であるものの非常に抽象的な概念に留まっていたため，本書では，経営者サービスをパートナーとアソシエイトが，それを提供するためにかける時間と紐付けて近似し，理論を展開した。

より詳しく述べれば，顧客範囲の拡張は，パートナーが直接的に自ら行うためパートナーの時間がより多く必要となる。一方で，サービス範囲の拡張は，アソシエイトと分担されているため，パートナーの時間を節約できる。二つの成長戦略の実行過程が異なることが，パートナーの時間の投入量に違いを生み，組織の成長率が異なると考えられた。本書の分析結果は，こうした予想と一致している。

さらに，本書では，顧客やサービス範囲の拡張が，どの場所で起こるのかという地理的範囲を考慮に入れて分析した。その結果，顧客範囲の拡張は，既存地域内ではなく新規地域への拡張として起こることが明らかになった。パートナーがより遠方で顧客を探索するため，その顧客関係を維持するために時間がかかってしまうことを意味する。さらに，アソシエイトもサービス提供の際により遠方の顧客とのやりとりでは時間がかかるため，パートナーを適切に補助する時間が減少し，パートナーの利用可能な時間を間接的に減らしてしまうと考えられる。結果として，顧客範囲の拡張は，パートナーとアソシエイトの時間を消費する成長戦略であり，経営者サービスに回す時間を減少させるため，成長率を低下させると考えられた。

ここまでは，本書で明らかになったことの要約である。簡単に各章を振り返ると次のようになる。

序章では，本書の目的と問いおよび背景について説明した。

第1章では，PSFs の成長研究についての既存研究をレビューした。その上で，本書では，Penrose の企業成長理論を用いて PSFs の組織成長を説明することを説明した。Penrose の鍵概念である経営者サービスが，PSFs の文脈で具体的に誰によってどのように発揮されるのかを，パートナーとアソシエイトの組織内分業を踏まえて提示した。

第2章では，本書の分析対象として，日本の特許事務所の産業コンテクストを説明した。2002 年の知財立国宣言以降，特許事務所の大規模化や弁理士数の増加が見られることを確認した。

第3章では，本書の問いに答えるために第4章および第5章で用いる実証分析の方法を説明した。

第4章では，顧客およびサービス範囲の拡張が，特許事務所の成長率に与える影響を分析した。PSFsの組織内分業を踏まえて，パートナーによる顧客範囲の拡張と，パートナーとアソシエイトの分業によるサービス範囲の拡張を考慮して仮説を導出した。分析結果は，成長戦略の違いによって，つまり，顧客とサービスの違いによって，組織成長に与える影響が異なることを示していた。

第5章では，顧客およびサービス範囲が，どこで起こるのかを分析した。つまり，特許事務所が，既存地域あるいは新規地域のどちらで外部機会を発見するかである。分析結果では，顧客範囲拡張が新規地域への拡張として起こることが分かった。

2. 学術的貢献

第4章と第5章でそれぞれの分野における研究の貢献を述べたため，それ以外の点について整理しておきたい。ここでは，より大きな視点で本書の貢献を述べる。

第一に，PSFsの組織成長を取り上げたことである。既存研究ではPSFsの組織成長の研究は十分に蓄積されていない。既存の成長研究は，営利部門に偏っており，さらに，営利部門の中でも製造業を対象としてきた（Delmar, 1997）。PSFsは，株式会社として設立されている大規模な製造業と異なり，パートナーシップによって比較的小規模な組織として運営されている。このようなパートナーシップ制の組織については，既存研究が少なかった（Greenwood et al., 1990）。これらの組織形態では前提条件が異なるため，営利部門以外の，専門サービス産業，非営利組織，社会的企業などを対象にした研究の蓄積が期待されており，本書は，専門サービス産業での成長研究の蓄積に貢献するものである。

第二に，欧米以外のPSFsを研究したことである。PSFsの研究は欧米を中心にしており（Skjølsvik et al., 2017）[1]，国際比較研究の範囲が限られていた。これは，欧米において歴史的に専門職が果たしてきた社会的役割が大きかったことに依存している（Abbott, 1988）。一方で，アジアにおいては専門職やPSFsの歴史は比較的短い。そのような中でも，日本は，知的財産権制度の運用で相対的に長い歴史を持っている。初代の特許庁長官となる高橋是清が「専売特許」と「商標登録」に関心をもったのは1874年ごろとされている[2]。その後，日本は1899年にはパリ条約（工業所有権の保護についての条約）に加盟しており，すでに100年以上の知的財産権の保護制度を運用してきた（Nicholas & Shimizu, 2013）。欧米以外の文脈で，知的財産権を含む財産権保護の制度が整備されている国[3]での研究は，既存研究の空隙を埋めるものである。

第三に，経営者サービスを，それを提供するための時間と紐付けて，組織成長を規定するメカニズムを具体的に示したことである。Penroseが提示した経営者サービスは抽象度が高く，後続の研究でも経営者サービスの量を想定するものの，経営者サービスの内容は立ち入らないままであった。PSFsのように，専門職の時間が主たる資源であり，時間の使い方が現在の収益および将来の収益と直接的に結びついている文脈であれば（Maister, 1993），時間そのものに注目して理論を展開することに現実的な妥当性がある。さらに，このようなメカニズムは，PSFsの文脈だけに限らない。時間は，あらゆる人間にとって共通する有限の資源であり，とりわけ経営の責任を負う管理者の時間は希少性のある資源である（Drucker, 1967; Mintzberg, 1971, 1975; Porter & Nohria, 2018）[4]。一般的な営利企業でも，経営者（管理者）が日常業務に時間を投入すれば，成長戦略の立案や実行といったその他の活動に回す時間は減少する。本書のように時間に着目することは，PSFsや営利企業を問わず，管理者が実際にどのような仕事を行うのか，それがどのように組織成長につながるかについての理解を深める一歩になるであろう。

第四に，PSFsの文脈で組織内分業の観点を取り入れて組織成長を説明したことである。専門サービス産業では，伝統的に範囲の経済から利益を受けると考えられてきたものの（Daniels, 1992; Nachum, 1996），本書の分析結果は，顧客やサービス範囲の拡張を進めれば，組織成長が達成できるという素朴な見方に疑問を投げかけるものである。一方で，成長戦略の過程で，組織内部の調整費用や複雑性を対処する費用が上昇することで成長を抑制するという見方を支持するわけではない。既存研究が指摘しているような，成長戦略の単純な二項対立ではなく（Eckardt & Skaggs, 2018），組織内分業を通した実行過程に依存して成長への影響が異なると考えられる。成長戦略のメリットとデメリットのどちらが上回るかは，どのようにその成長戦略が実行されるのかに依存しており，戦略は組織内部の構造条件を介して結果に至ることを示している（Brock & Yaffe, 2008; Mishina et al., 2004; Wasserman, 2008）。本書の結果は，組織内分業に着目した説明が重要であることを示唆している。組織間分業と比較して，組織内分業と調整方法は経済学のみならず経営学ですら近年は十分に研究蓄積がなされておらず（沼上ほか, 2007），追加的な研究が求められる。

3．実務的意義

第4章と第5章で述べたこと以外に，実務的意義を提示する。特に，ここでは，組織内分業をどのように設計するかという点について取り上げる。この理由は，繰り返しになるが，成長戦略のそれぞれの次元が直接的に成長率を規定するのではないことによる。つまり，実行過程を通して成長率を規定すると考えられるため，どのような組織内分業を設計するかが重要な経営上の課題となるためである。

第一に，パートナーの分担する業務と時間の使い方である。パートナーは，経営者サービスの提供を担う者であるため，現在のサービスオペレーションの他に将来的な事務所の成長計画を立案し実行する必要がある。組織の成長を維持するためには，この時間を確保するように意識しなければならない。とりわけ，成長戦略の実行は相対的にリスクの高い活動であり，本書の結果によれば，短期的には顧客範囲の拡張は組織の成長率と負の相関を持っている。このようなリスクの高い活動を引き受けるのは，パートナーの責務である[5]。アソシエイトに日常のサービスオペレーションの多くを任せることで，パートナーは，より探索的な活動が可能になり，新規顧客の探索といった，よりリスクの高い活動に時間を投入することができる。一般に，組織は活用的な活動に注力してしまいがちであるため，探索的な活動に意図的に時間を振り分けることが重要である。

第二に，第一点目と関連するが，アソシエイトの分担する業務と時間の使い方である。パートナーの時間の使い方はアソシエイトの時間の使い方と独立しているものではなくそれぞれが分業し合っている。例えば，パートナーは自分の利用可能な時間を増やすために，自らの労働時間を増やすこともできるが，アソシエイトの時間を活用することもできる（Kim et al., 2016）。組織の成長を維持するためには，パートナーとアソシエイトが協力して成長戦略の計画と実行に時間を確保できるように注意を払う必要がある。さらにいえば，アソシエイトの時間を適切に活用することは，現時点でのパートナーの時間を増やすことができるというだけでなく，長期的には，アソシエイトが経験を蓄積しパートナーとなり，将来的な経営者チームを増強することにもつながる。このため，サービスオペレーションのみならず，経営者の仕事を担えるように育成する視点が必要である。どのような時間の使い方を求めるのか，どのような誘因を与えて，どのような仕事を分業するのかは慎重な判断が求められる[6]。パートナーの仕事は，アソシエイトが分担する通常のオペレーションよりも，リスクの高い仕事でもあるため，単純に委譲するだけでは不十分である。どのような誘因を与えるのかも合わせて考えなければならない。例えば，顧客の窓口を担当できるようになるには，対人関係能力といったサービスのオペレーション以外の能力を必要とする。パートナークラスの人材を育成するには，時間がかかり，それはアソシエイトが事務所でどのようなことに時間を投入して経験を蓄積したのかに依存する。パートナーにとって，アソシエイトの時間の使い方もまた，短期と長期のバランスを考慮した設計が必要な難易度の高い仕事である。

第三に，マクロ的な視点で組織内分業をどのように設計するかである。上述した一点目と二点目は，専門職の時間の使い方というミクロ的視点で組織内分業について説明したが，それは，より大きな基礎条件であるマクロ的な組織内分業の決定に依存している。つまり，組織内のタテ方向とヨコ方向の分業（沼上，2004）をどのように設計するのかという問題の一種である。例えば，タテ方向の分業では，アソシエイトに分業しやすい体制を準備することや，パートナーとアソシエイトの間に階層を加えること，さらに，サービス提供方法の標準化を高めることなどによって，パートナーの時間を節約する方法を取り入れることが挙げられる。また，例えば，ヨコ方向の分業では，個々の専門職がより習熟しやすいように顧客ごと，サービス領域ごとに専門化を進める，さらに，顧客やサービスごとに部門化するといった方法が考えられる（志賀，1988）。こうした専門化と部門化を通してアソシエイトの時間を効率的かつ効果的に利用でき，パートナーを補佐する時間も確保しやすいであろう。このように，マクロ的な組織内分業の方法は，事務所が選択した戦略にも影響を受ける一方で，パートナーとアソシエイトのミクロ的な時間の使い方を決める要素である。パートナーがミクロとマクロの組織内分業をどのように設計するかによって，戦略の実行過程が規定されるため重要性の高い課題である。

本書で述べたようなパートナーとアソシエイトの分業構造は，営利企業で完全に同じものは見られないが，階層や規則のみで管理しにくい専門性の高い職務や部門であれば，本書の示唆は適用可能性がある。実際に，高度な専門知識が求められる中で，営利企業でも高度な知識を扱い，専門職のような働き方が求められるようになっている。Teece（2003）が指摘したようにPSFsから学べる要素は少なくないといえる。

4. 残された課題と将来の研究

本書の残された課題は多く，それは研究の出発点でいくつもの前提を置いていることと表裏一体である。このような前提を置いているのは，定量研究のみを用いたことと，そこで利用できたデータに制約があったためである。本書は，要素還元主義的に，ある特定の文脈での変数間のシステムとして（沼上，2000），組織成長という現象を分析したのみである。従って，将来の研究は以下のことに取り組む必要がある。

第一に，組織成長の具体的な過程を明らかにすることである。これに関わる問題は多く残されているので，大きな問題として成長過程について触れておく。組織成長の研究は，成長要因と成長過程の二つの側面があり（Chandler et al., 2009），定性研究によって，PSFsの成長のプロセスを理解でき，どのように組織成長を実現するかを明らかにできる。例えば，成長戦略の計画や実行過程では，具体的な個人やグループの起業家精神が働いているはずである（Kyläheiko et al., 2011; Reihlen & Werr, 2015）。ただし，そうした起業家精神やビジネス論理は専門職論理と対立する（Beltagui et al., 2017;

Bévort & Suddaby, 2016; van Schothorst-van Roekel et al., 2021; Wadmann et al., 2019）。実際に，専門職論理とビジネス論理（professional and managerial logics）がどのように認識され，対立しているのかについては，質的研究を用いて追加分析する必要がある。PSFs の文脈の複雑な成長過程を明らかにすることは，営利企業との違いを明らかにする上で有用であろう。将来の研究は，このような過程を明らかにすることと，過程の違いが組織成長にもたらす違いを明らかにすることに取り組む必要がある（Pugliese et al., 2016）。

第二に，一般性の問題である。複数の文脈を用いて一般化を検討する価値がある。例えば，規模については，個人事務所や，中小規模の事務所がどのように成長しているのか，についても有望なテーマである。組織規模に依存して，成長戦略は異なることが明らかになっている（Achtenhagen et al., 2017; Pasanen, 2007）。あるいは，国や制度については，日本以外での文脈では，どのような差異が見られるかを探求する必要があるだろう。PSFs は各国の制度に埋め込まれており，各国の文脈からの影響を無視できない。さらに，PSFs の異質性が組織成長でどのような違いをもたらすかについて，他の PSFs 産業との比較も有望である。日本国内でも法律事務所などの伝統的 PSFs，コンサルティング・ファームや広告代理店などの新興の PSFs の成長を調査することは興味深い結果を得られるであろう。

第三に，現実との適合度の問題である。これについては，多くの問題が残されているが，大きな問題を二つだけ取り上げる。それは（1）専門職の時間の使い方，および，（2）組織内分業の内実である。まずは（1）専門職の時間の使い方である。Penrose は経営者が二つの経営者サービスを提供するとしている[7]。しかし，それが経営者のどのような活動や行為で構成されているのかは十分に示されていない。本書でも，パートナーが経営者サービスを提供することを想定して議論を進めたが，実際にパートナーがどのように時間を使うのかは分かっていない。この点について経営学は，経営者の仕事（managerial work）について理解を深めるべき学問であり，経営者が何をしているのかを理解することは経営科学の進歩につながる（Aguinis & Bakker, 2021; Mintzberg, 1971, 2009）。将来の研究は，パートナーの時間と活動についてより深く調査する必要がある[8]。次に，(2) 組織内分業の内実である。タテ方向，および，ヨコ方向の分業，双方についていえるが，例えば日本の特許事務所が米国と全く同じ組織内分業で動いているわけではないし，同一国の同一の専門サービス産業内であっても異なる可能性が高い。実際には，一口にパートナーとアソシエイトといってもさらに細かく分かれている (Gilson & Mnookin, 1985)。本書では，分業体制は前提を置いて具体的な内容はブラックボックスのまま議論を進めたが，特許事務所のタテ方向の分業（アソシエイト，その他の専門職や事務所員など）およびヨコ方向の分業（専門化と部門化）を日本の文脈でさらに調査することが必要である[9]。

第四に，法律や制度環境の変化を考慮していない問題である。本書は，あくまでも経営学の視点からの分析に留まっている。これについては，より広い文脈で，近年の，一連の司法制度改革や日本の法学教育，キャリアの変化とも合わせて研究する必要があるだろう（Milhaupt & West, 2003; 長島ほか，2011; 村松，1994)。法律サービスの創出や，官僚を中心とした行政による指導から，専門職の役割への移行といった法曹界全体での変化と無縁ではない（Aronson, 2007)。さらに長期的な歴史的に見ると，専門家が自律性を失い，官僚制によって制御を受けるようになってきたとされている（Haug, 1972; Nelson, 1988; Scott, 1965)。このような変化を理解するためには，ある専門職やその団体のみに注目しても十分でない。専門職が埋め込まれているより広い文脈も加味する必要がある。弁理士，特許事務所を取り巻く環境では，特許法のみならず，産業政策や，官僚機構との複合的視点が欠かせない。将来の研究はこれらの要素を考慮しなければならないであろう。

第五に，データソースの問題である。経営学研究で，特許をデータソースとする研究が増えてきた一方で，問題点も明らかになってきている。特に重要な問題は，特許のみをデータソースとすると，測定バイアスなどの問題を生じうることである（Savage et al., 2020)。従って，将来の研究は，サーベイ調査や他の二次的データベースと接合することで妥当性を確認することが求められる。例えば，米国の既存研究では，弁護士や広告エージェントなどの専門業界雑誌などを複数用いてデータセットを作成している。日本においても，民間信用情報機関のデータを活用するといった方法で，補完的なデータソースを確保することが必要である。

〈注〉

1　これは各国ごとに強い産業が異なることが反映されていると考えられる。専門サービスは，国際的に見ても米国が強い分野であるといえる。2019年の1年間で，専門サービスは，2923億ドルの輸出，1434億ドルの輸入であり，サービス輸出のうち約29％を占めている（Recent Trends in U.S. Services Trade:2021 Annual Report: https://www.usitc.gov/publications/332/pub5192.pdf）。専門サービス産業では，英米の大規模事務所が上位のランキングの多くを占めている。

2　特許庁ウェブサイトより（https://www.jpo.go.jp/introduction/rekishi/shodai-choukan.html）。1885年に専売特許条例，1884年に商標条例がそれぞれ制定されている。

3　Property Rights Allianceによる2021年版のInternational Property Rights Indexでは日本は世界ランク12位，アジア・オセアニア地域では4位である。

4　ここでの管理者は，Mintzberg（1971）の定義に倣い，「公式組織やその下位単位の責任者」という意味である。

5　すでに少し触れたが，パートナーは，オーナーシップ（所有権）を持つため，短期的に組織成長が減速することを許容でき，また，中長期的な視点でより大きな事業機会に重点を置くことも可能である。

6　専門職は，「成文化された専門的な技術教育から得られる専門知識」および「経験から得られる知恵や技術の形をした暗黙知」を持つ（Morris and Empson, 1998）。弁理士であれば，特許や技術について公式に学ぶ機会があっても，「顧客の開拓」や「事務所運営」については公式に学ぶ機会は準備されていない。これらは事務所での実務を通して習得できる。

7　すでに触れたように，Penroseの視点は経済学的でありかつマクロ的である。企業の成長率の違いが発生する要因を理論的に説明しようとしている。その際に，成長率の違いを説明するものが，経営者サービスの量であった。経営者サービスが個別具体的な企業と様々な階層の管理者の中でどのように観察可能であるのか，あるいは，経営者サービスの量をどのような指標によって代理するのかについては特に説明されていない。あくまでも，企業成長を説明するための理論的な概念である。一般に，個々の具体的な企業や管理者が，どのような行動を取っているのか，どのようなことに時間を割いているのかについては，経済学では関心が薄く説明のためにも用いられない。これらの個別具体的な問いに答えるのは，主に経営学の領域である。

8　ただし，どのような活動に時間を用いているのか，という点でパートナーの活動を時間に要素還元しても，それだけでは経営者サービスは理解できないことに注意を要する（Hales, 1986; Tengblad, 2006）。パートナーの提供する経営者サービスは，それらの時間を合わせた「ゲシュタルト（統合された全体）」（Mintzberg, 1975）として機能する。要素に分解された個別の時間と活動には，「経営者サービス」というラベルが付いているわけではない。従って，経営者サービスがどのように構成されているのかについて理解を深めるには，時間と活動の要素ではなくそれらのシステムとして理解しなければならない。実際に，Mintzberg（1975）の中には，Penroseと類似した記述がある。それは，管理者（マネジャー）の起業家としての役割（起業家的なサービスの提供）であり，例えば，「最高経営責任者たちは，同時に50ものプロジェクトを監督しており，その中には，新製品や新プロセスのプロジェクトも含まれていた。…（中略）…自らが監督する開発プロジェクトについて，一種の在庫管理をしているように見える。さまざまな開発段階にあるプロジェクトで，あるものは活発で，あるものは宙に浮いている状態である。曲芸師のように，いくつものプロジェクトを空中に浮かべておき，定期的に一つずつ降りてきては，新たなエネルギーを与えて，また軌道に乗せる。そして，さまざまなタイミングで，新しいプロジェクトを立ち上げ，古いプロジェクトを捨てていく。」（p. 57）などである。このように，Mintzbergが観察を通して明らかにした多種多様な経営者の仕事（managerial work）の中には経営者サービスを提供する仕事も含まれていると考えられる。

9　これに関して，組織間分業は組織内分業と独立して論じられないため（武石，2003），調査すべきテーマである。PSFsが組織外の関連する専門家（特許調査会社，特許翻訳業者，法律事務所など）とどのように協業するかは十分に明らかになっておらず，追加的な研究が必要である。

参考文献

日本語：

アップロード．(2014)．企業との関係がすべてわかる特許事務所年鑑 2014．アップロード．

荒井寿光・知的財産国家戦略フォーラム．(2002)．知財立国―日本再生の切り札 100 の提言．日刊工業新聞社．

荒井寿光．(2006)．知財革命．角川グループパブリッシング．

荒井寿光・野上晃・正林真之．(2005)．特集 弁理士制度について 事務局長インタビュー「知財立国」の中の弁理士．パテント，58(11)，3-15．

池内寛幸．(2002)．弁理士ただいま仕事中（増補第 3 版)．法学書院．

伊東忠重．(2014)．日本の弁理士．TACNEWS, 26-31．

伊東忠彦・伊東国際特許事務所．(2004)．特許明細書の書き方：より強い特許権の取得と活用のために（改訂 4 版，Issue. 知的財産実務シリーズ)．経済産業調査会．

伊吹勇亮．(2017)．「猫の世話」としてのクリエイティブ・マネジメント：PSFs としての広告会社についての基礎的研究．商経学叢，64(2)，327-338．

犬塚篤．(2009)．弁理士選定のメカニズム―筆頭代理人分析から見えてくるもの．日本知財学会誌，6(2)，27-33．

岩永利彦．(2014)．キャリアアップのための 知財実務のセオリー ―技術を権利化する戦略と実行．レクシスネクシス・ジャパン．

太田肇．(1993)．プロフェッショナルと組織―組織と個人の「間接的統合」．同文舘出版．

奥田百子．(2018)．こんなにおもしろい 弁理士の仕事〈第 4 版〉．中央経済社．

加護野忠男・野中郁次郎・榊原清則・奥村昭博．(1983)．日米企業の経営比較：戦略的環境適応の理論．日本経済新聞社．

加藤雅俊．(2022)．スタートアップの経済学：新しい企業の誕生と成長プロセスを学ぶ．有斐閣．

木村高明ほか．(2005)．知財事務職員基本書 IP パラリーガル教本―弁理士支援事務職養成スクールコスモ塾認定教材．日本工業新聞社．

草野千秋．(2015)．専門職マネジメントの変遷における今日的課題への視座．経営論集，25(1)，69-82．

久門保子．（2015）．弁理士．新水社．

久米功一．（2015）．マネジャーの仕事配分は何で決まるのか．研究紀要 Works Review，10(7)，1-12．

小本恵照．（2017）．企業家的志向が企業成長に与える影響．日本経営学会誌，38，76-87．

鮫島正洋．（2014）．技術法務のススメ 事業戦略から考える知財・契約プラクティス．日本加除出版．

鮫島正洋・小林誠．（2016）．知財戦略のススメ コモディティ化する時代に競争優位を築く．日経 BP．

沢井昭司・時國滋夫．（2014）．特許翻訳の実務 英文明細書・特許法のキーポイント．講談社．

志賀正武．（1988）．特許情報フローの複層化で再編される専門家集団．井原哲夫・岡田康司，サービスとニュービジネスの組織―多様性に挑むプロジェクト集団（日本の組織戦略と形態）（pp. 231-236）．第一法規出版．

七戸克彦．（2017）．司法書士の会員数問題と今そこにある危機．月報司法書士，546，4-14．

末松玄六．（1980）．訳者序文．末松玄六（訳），会社成長の理論．（pp. 1-8）．ダイヤモンド社．

正林真之．（2012a）．弁理士をめざす人へ．法学書院．

正林真之．（2012b）．特許事務所に「経営感覚」を取り入れて成長（特集 弁護士・弁理士が語る「新しい時代への見通しと抱負」）．The Lawyers，9(1)，67-70．

高橋伸夫．（2002）．ペンローズ『会社成長の理論』を読む．赤門マネジメント・レビュー，*1*(1)，105-124．

高山奨史．（2008）．特許事務所業界の動向分析と今後の展望（特集 事務所経営）．パテント，61(12)，21-27．

武石彰．（2003）．分業と競争―競争優位のアウトソーシング・マネジメント．有斐閣．

竹内洋．（1971）．専門職の社会学．ソシオロジ，16(3)，45-66．

特許庁．特許行政年次報告書．発明協会．（各年版）

中尾安芸雄．（2022）．会計事務所規模が「二極化」M&A 活用などで成長加速：税理士（これから勝てる 税理士 会計士）．エコノミスト，100(8)，19-21．

長島安治・長濱毅・江尻隆・米正剛（編）．（2011）．日本のローファームの誕生と発展―わが国経済の復興・成長を支えたビジネス弁護士たちの証言．商事法務．

中野秀一郎．(1981)．プロフェッションの社会学―医師，大学教師を中心として．木鐸社．

西脇暢子．(2013)．組織研究の視座からのプロフェッショナル研究レビュー：専門職従事者から知識の担い手への転換とその影響および意義．組織学会(編)，組織論レビューⅠ (pp. 95-140)．白桃書房．

日本弁護士連合会．弁護士白書．日本弁護士連合会．(各年版)

日本弁理士会．(2015)．弁理士白書 平成26年版．日本弁理士会．

庭山正一郎・山岸和彦．(1998)．日本における巨大法律事務所の可能性―個人事務所との棲み分けは可能か？(特集1 変貌する弁護士業 (その3) 法律事務所の新展開)．自由と正義，49(11)，34-47．

沼上幹．(2000)．行為の経営学：経営学における意図せざる結果の探究．白桃書房．

沼上幹．(2004)．組織デザイン．日本経済新聞出版．

沼上幹・加藤俊彦・田中一弘・島本実・軽部大．(2007)．組織の"重さ"―日本的企業組織の再点検．日本経済新聞出版．

日高千景．(2010)．訳者あとがき．日高千景 (訳)，企業成長の理論．(pp. 365-371)．ダイヤモンド社．

平井孝志．(2012)．日本企業の収益不全―収益性向上のための最適成長速度．白桃書房．

藤井篤．(2014)．弁護士の仕事術Ⅶ 法律事務所 運営のポイント．日本加除出版．

藤井久子．(2021)．弁理士になるには (改訂版)．ぺりかん社．

藤本昌代．(2002)．「プラスのプロフェッション」と組織の関係：科学技術分野における研究組織の分析．同志社社会学研究，6，11-25．

弁理士受験新報編集部．(2010)．弁理士の仕事―知的財産法のプロフェッショナル．法学書院．

弁理士制度120周年記念事業実行委員会　記念誌部会．(2020)．弁理士制度120周年記念誌．日本弁理士会．

三品和広．(2022)．企業成長の仕込み方 (経営戦略の実戦 (2))．東洋経済新報社．

村松岐夫．(1994)．日本の行政：活動型官僚制の変貌．中央公論社．

外国語：

Abbott, A. D. (1988). *The system of professions: An essay on the division of expert labor*. University of Chicago Press.

Achtenhagen, L., Brunninge, O., & Melin, L. (2017). Patterns of dynamic growth in medium-sized companies: Beyond the dichotomy of organic versus acquired growth. *Long Range Planning, 50*(4), 457-471.

Aguinis, H., & Bakker, R. M. (2021). Time is of the essence: Improving the conceptualization and measurement of time. *Human Resource Management Review, 31*(2), 100763.

Aguinis, H., Ramani, R. S., & Alabduljader, N. (2018). What you see is what you get? Enhancing methodological transparency in management research. *Academy of Management Annals, 12*(1), 83-110.

Alarcón, J. C., Aguilar, R., & Galán, J. L. (2019). Determinants of innovation output in Spanish knowledge-intensive service firms: Stability analysis throughout the economic crisis of 2008. *Structural Change and Economic Dynamics, 49*, 228-244.

Aldrich, H. E., & Auster, E. (1986). Even dwarfs started small: Liabilities of age and size and their strategic implications. In B. Staw & L. L. Cummings, *Research in organizational behavior,* (Vol. 8, pp. 165-198). JAI Press.

Alvehus, J., & Spicer, A. (2012). Financialization as a strategy of workplace control in professional service firms. *Critical Perspectives on Accounting, 23*(7-8), 497-510.

Ansoff, H. I. (1957). Strategies for diversification. *Harvard Business Review, 35*(5), 113-124.

Ansoff, H. I. (1965). *Corporate strategy.* McGraw-Hill.

Arbaugh, J. B. B., & Camp, S. M. (2017). Managing growth transitions: Theoretical perspectives and research directions. In D. L. Sexton & H. Landström (Eds.), *The Blackwell handbook of entrepreneurship* (pp. 308-328). Blackwell Publishing Ltd.

Aronson, B. E. (2007). *The brave new world of lawyers in Japan: Proceedings of a panel discussion on the growth of corporate law firms and the role of lawyers in Japan* (SSRN Scholarly Paper No. 1008334). Social Science Research Network.

Aronson, B. E. (2012). The brave new world of lawyers in Japan revisited: Proceedings of a panel discussion on the Japanese legal profession after the 2008 financial crisis and the 2011 Tohoku earthquake. *Pacific Rim Law & Policy Journal, 21*(2), 255-294.

Augier, M., & Teece, D. J. (2007). Dynamic capabilities and multinational enterprise: Penrosean insights and omissions. *Management International Review, 47*(2), 175-192.

Bakker, R. M., & Josefy, M. (2018). More than just a number? The conceptualization and measurement of firm age in an era of temporary organizations. *Academy of Management Annals, 12*(2), 510-536.

Barney, J. B., & Hesterly, W. S. (2010). *Strategic management and competitive advantage: Concepts and cases* (3rd ed). Prentice Hall.

Barringer, B. R., & Greening, D. W. (1998). Small business growth through geographic expansion. *Journal of Business Venturing, 13*(6), 467-492.

Barringer, B. R., Jones, F. F., & Neubaum, D. O. (2005). A quantitative content analysis of the characteristics of rapid-growth firms and their founders. *Journal of Business Venturing, 20*(5), 663-687.

Baum, J. R., Locke, E. A., & Smith, K. G. (2001). A multidimensional model of venture growth. *Academy of Management Journal, 44*(2), 292-303.

Beck, M. J., Gunn, J. L., & Hallman, N. (2019). The geographic decentralization of audit firms and audit quality. *Journal of Accounting and Economics, 68*(1), 101234.

Beltagui, A., Sigurdsson, K., Candi, M., & Riedel, J. C. K. H. (2017). Articulating the service concept in professional service firms. *Journal of Service Management, 28*(3), 593-616.

Bévort, F., & Suddaby, R. (2016). Scripting professional identities: How individuals make sense of contradictory institutional logics. *Journal of Professions and Organization, 3*(1), 17-38.

Bills, K. L., Swanquist, Q. T., & Whited, R. L. (2016). Growing pains: Audit quality and office growth. *Contemporary Accounting Research, 33*(1), 288-313.

Boh, W. F., Ren, Y., Kiesler, S., & Bussjaeger, R. (2007). Expertise and collaboration in the geographically dispersed organization. *Organization Science, 18*(4), 595-612.

Braun, V., & Clarke, V. (2006). Using thematic analysis in psychology. *Qualitative Research in Psychology, 3*(2), 77-101.

Brinckmann, J., & Hoegl, M. (2011). Effects of initial teamwork capability and initial relational capability on the development of new technology-based firms: Teamwork capabilities, relational capabilities, and NTBF performance. *Stra-*

tegic Entrepreneurship Journal, 5(1), 37–57.

Briscoe, F., & Tsai, W. (2011). Overcoming relational inertia: How organizational members respond to acquisition events in a law firm. *Administrative Science Quarterly, 56*(3), 408–440.

Brock, D. M. (2006). The changing professional organization: A review of competing archetypes. *International Journal of Management Reviews, 8*(3), 157–174.

Brock, D. M. (2021). Research on professional organizations: A review of theoretical traditions, themes, methods and locations. *Canadian Review of Sociology/Revue Canadienne de Sociologie, 58*(4), 569–586.

Brock, D. M., Leblebici, H., & Muzio, D. (2014). Understanding professionals and their workplaces: The mission of the Journal of Professions and Organization. *Journal of Professions and Organization, 1*(1), 1–15.

Brock, D. M., & Yaffe, T. (2008). International diversification and performance: The mediating role of implementation. *International Business Review, 17*(5), 600–615.

Brock, D., Powell, M. J., & Hinings, C. R. (1999). *Restructuring the professional organization: Accounting, healthcare, and law*. Routledge.

Broschak, J. P. (2004). Managers' mobility and market interface: The effect of managers' career mobility on the dissolution of market ties. *Administrative Science Quarterly, 49*(4), 608–640.

Broschak, J. P., & Block, E. S. (2014). With or without you: When does managerial exit matter for the dissolution of dyadic market ties? *Academy of Management Journal, 57*(3), 743–765.

Brush, C. G., Ceru, D. J., & Blackburn, R. (2009). Pathways to entrepreneurial growth: The influence of management, marketing, and money. *Business Horizons, 52*(5), 481–491.

Brymer, R. A., Boss, D. S., Uhlenbruck, K., & Bierman, L. (2020). Internationalization's effect on mobility and firms' employee-based resources. *Academy of Management Perspectives, 34*(1), 114–134.

Bunz, T., Casulli, L., Jones, M. V., & Bausch, A. (2017). The dynamics of experiential learning: Microprocesses and adaptation in a professional service INV. *International Business Review, 26*(2), 225–238.

Campbell, I., & Charlesworth, S. (2012). Salaried lawyers and billable hours: A new perspective from the sociology of work. *International Journal of the Legal Profession, 19*(1), 89–122.

Carper, W. B., & Snizek, W. E. (1980). The nature and types of organizational taxonomies: An overview. *Academy of Management Review, 5*(1), 65–75.

Chandler, A. D. (1977). *The visible hand: The managerial revolution in American business*. Belknap Press. (鳥羽欽一郎・小林袈裟治訳『経営者の時代：アメリカ産業における近代企業の成立』東洋経済新報社，1979年)

Chandler, G. N., McKelvie, A., & Davidsson, P. (2009). Asset specificity and behavioral uncertainty as moderators of the sales growth—Employment growth relationship in emerging ventures. *Journal of Business Venturing, 24*(4), 373–387.

Chatain, O. (2011). Value creation, competition, and performance in buyer–supplier relationships. *Strategic Management Journal, 32*(1), 76–102.

Chen, W.-H., Kang, M. -P., & Butler, B. (2019). How does top management team composition matter for continual growth? Reinvestigating Penrose's growth theory through the lens of upper echelons theory. *Management Decision, 57*(1), 41–70.

Coad, A. (2009). *The growth of firms: A survey of theories and empirical evidence*. Edward Elgar.

Connaughton, J., & Meikle, J. (2013). The changing nature of UK construction professional service firms. *Building Research & Information, 41*(1), 95–109.

Cooper, D. J., Hinings, B., Greenwood, R., Brown, J. L., Cooper, D. J., Hinings, B., Greenwood, R., & Brown, J. L. (1996). Sedimentation and transformation in organizational change: The case of Canadian law firms. *Organization Studies, 17*(4), 623–647.

Daniels, R. J. (1992). The law firm as an efficient community. *McGill Law Journal, 37*, 801–834.

Daniels, R. J. (1993). Growing pains: The why and how of law firm expansion. *The University of Toronto Law Journal, 43*(2), 147–206.

David, R. J., & Han, S. -K. (2004). A systematic assessment of the empirical support for transaction cost economics. *Strategic Management Journal, 25*(1), 39–58.

Davidsson, P., Achtenhagen, L., & Naldi, L. (2010). Small firm growth. *Foundations and Trends in Entrepreneurship, 6*(2), 69–166.

Davidsson, P., Delmar, F., & Wiklund, J. (2006). *Entrepreneurship and the growth of firms*. Edward Elgar.

Davidsson, P., & Wiklund, J. (2000). Conceptual and empirical challenges in the study of firm growth. In D. Sexton & H. Landström (Eds.), *The Blackwell handbook of entrepreneurship* (pp. 26–44). Blackwell.

Davies, J., & Thomas, H. (2009). What do business school deans do? Insights from a UK study. *Management Decision, 47*(9), 1396–1419.

Delmar, F. (1997). Measuring growth: Methodological considerations and empirical results. In R. Donckels & A. Miettinen (Eds.), *Entrepreneurship and SME research: On its way to the next millennium* (pp. 199–216). Ashgate.

Delmar, F. (2006). Measuring growth: Methodological considerations and empirical results. In P. Davidsson, F. Delmar, & J. Wiklund (Eds.), *Entrepreneurship and the growth of firms* (pp. 62–86). Edward Elgar Publishing.

Doucet, T. A., & Barefield, R. M. (1999). Client base valuation. *Journal of Business Research, 44*(2), 127–133.

Drucker, P. F. (1967). *The effective executive*. Harper & Row.

Eckardt, R., & Skaggs, B. C. (2018). Service diversification and growth of professional service firms. *Long Range Planning, 51*(1), 111–126.

Eckardt, R., Skaggs, B. C., & Youndt, M. (2014). Turnover and knowledge loss: An examination of the differential impact of production manager and worker turnover in service and manufacturing firms. *Journal of Management Studies, 51*(7), 1025–1057.

Eisenhardt, K. M. (1989). Building theories from case study research. *Academy of Management Review, 14*(4), 532–550.

Eisenhardt, K. M., & Schoonhoven, C. B. (1990). Organizational growth: Linking founding team, strategy, environment, and growth among U.S. semiconductor ventures, 1978–1988. *Administrative Science Quarterly, 35*(3), 504–529.

Empson, L. (2001). Fear of exploitation and fear of contamination: Impediments to knowledge transfer in mergers between professional service firms. *Human Relations, 54*(7), 839–862.

Empson, L. (2017). *Leading professionals: Power, politics, and prima donnas*. Oxford University Press.

Empson, L., Muzio, D., Broschak, J., & Hinings, B. (Eds.). (2015). *The Oxford handbook of professional service firms*. Oxford University Press.

Faulconbridge, J., & Muzio, D. (2008). Organizational professionalism in globalizing law firms. *Work, Employment and Society, 22*(1), 7–25.

Ferner, A., Edwards, P., & Sisson, K. (1995). Coming unstuck? In search of the "corporate glue" in an international professional service firm. *Human Resource Management, 34*(3), 343–361.

Francis, J. R., & Yu, M. D. (2009). Big 4 office size and audit quality. *Accounting Review, 84*(5), 1521–1552.

Freel, M., J. Robson, P., & Jack, S. (2014). Risk capital constraints to innovation in services. *Journal of Business & Industrial Marketing, 29*(6), 476–486.

Galanter, M., & Palay, T. M. (1993). *Tournament of lawyers: The transformation of the big law firm*. University of Chicago Press.

Garnsey, E. (1998). A theory of the early growth of the firm. *Industrial and Corporate Change, 7*(3), 523–556.

Gary, M., S. (2005). Implementation strategy and performance outcomes in related diversification. *Strategic Management Journal, 26*(7), 643–664.

Geroski, P. A. (2005). Understanding the implications of empirical work on corporate growth rates. *Managerial and Decision Economics, 26*(2), 129–138.

Gertler, M. S. (2003). Tacit knowledge and the economic geography of context, or the undefinable tacitness of being (there). *Journal of Economic Geography, 3*(1), 75–99.

Gilson, R. J., & Mnookin, R. H. (1985). Sharing among the human capitalists: An economic inquiry into the corporate law firm and how partners split profits. *Stanford Law Review, 37*(2), 313–392.

Gilson, R. J., & Mnookin, R. H. (1989). Coming of age in a corporate law firm: The economics of associate career patterns. *Stanford Law Review, 41*(3), 567–595.

Greening, D. W., Barringer, B. R., & Macy, G. (1996). A qualitative study of managerial challenges facing small business geographic expansion. *Journal of Business Venturing, 11*(4), 233–256.

Greenwood, R., Hinings, C. R., & Brown, J. (1990). "P^2 -form" strategic management: Corporate practices in professional partnerships. *Academy of Management Journal, 33*(4), 725–755.

Greenwood, R., Li, S. X., Prakash, R., & Deephouse, D. L. (2005). Reputation, diversification, and organizational explanations of performance in professional service firms. *Organization Science, 16*(6), 661-673.

Greiner, L. E. (1972). Evolution and revolution as organizations grow. *Harvard Business Review, 50*(4), 37-46.

Grönroos, C. (1999). Internationalization strategies for services. *Journal of Services Marketing, 13*(4/5), 290-297.

Guest, G., MacQueen, K., & Namey, E. (2012). *Applied thematic analysis.* SAGE Publications.

Guzak, J. R., & Rasheed, A. A. (2014). Governance and growth of professional service firms. *Service Industries Journal, 34*(4), 295-313.

Hales, C. P. (1986). What do managers do? A critical review of the evidence. *Journal of Management Studies, 23*(1), 88-115.

Hall, B. H. (2002). A note on the bias in the Herfindahl-type measures based on count data. In A. B. Jaffe & M. Trajtenberg (Eds.), *Patents, citations, and innovations: A window on the knowledge economy* (pp. 454-459). MIT Press.

Hanlon, G. (2004). Institutional forms and organizational structures: Homology, trust and reputational capital in professional service firms. *Organization, 11*(2), 186-210.

Haug, M. R. (1972). Deprofessionalization: An alternate hypothesis for the future. *Sociological Review, 20*(1_suppl), 195-211.

Hausman, J. A. (1978). Specification tests in econometrics. *Econometrica, 46*(6), 1251-1271.

Haynes, K. T., Hitt, M. A., & Campbell, J. T. (2015). The dark side of leadership: Towards a mid-range theory of hubris and greed in entrepreneurial contexts. *Journal of Management Studies, 52*(4), 479-505.

Heizmann, H., Mastio, E. A., & Ahuja, S. (2020). Stuck in defensive professionalism: Undermining organizational change in an intellectual property law firm. *Journal of Professions and Organization, 7*(2), 117-133.

Hinds, P. J., & Kiesler, S. (Eds.). (2002). *Distributed work.* The MIT Press.

Hitt, M. A., Bierman, L., Uhlenbruck, K., & Shimizu, K. (2006). The importance of resources in the internationalization of professional service firms: The good, the bad, and the ugly. *Academy of Management Journal, 49*(6), 1137-1157.

Hutzschenreuter, T., & Horstkotte, J. (2013). Managerial services and complexity in a firm's expansion process: An empirical study of the impact on the growth of the firm. *European Management Journal, 31*(2), 137-151.

Iacobucci, D., & Rosa, P. (2005). Growth, diversification, and business group formation in entrepreneurial firms. *Small Business Economics, 25*(1), 65-82.

Iacobucci, E. M. (2012). Reputational economies of scale, with application to law firms. *American Law and Economics Review, 14*(1), 302-329.

Jaffee, J. (2003). Law firm office location and firm survival in Silicon Valley, 1969 to 1998. In J. A. C. Baum & O. Sorenson (Eds.), *Geography and strategy (Advances in strategic management, Vol. 20)* (pp. 341-376). Emerald Group Publishing Limited.

Javalgi, R. G., Gross, A. C., Benoy Joseph, W., & Granot, E. (2011). Assessing competitive advantage of emerging markets in knowledge intensive business services. *Journal of Business & Industrial Marketing, 26*(3), 171-180.

Kang, M. -P., Chen, W. -H., Chen, P. -Y., (2012). Managerial limitations to a firm's growth: The perspective of managerial-capacity constraints. *Tai Da Guan Li Lun Cong, 22*(2), 119-148.

Kim, K. -H., Kim, T. -H., Kim, T. -Y., & Byun, H. (2016). Lateral hiring and the performance of professional service firms: The moderating effects of leverage ratio. *International Journal of Human Resource Management, 27*(3), 338-354.

Kor, Y. Y., & Leblebici, H. (2005). How do interdependencies among human-capital deployment, development, and diversification strategies affect firms' financial performance? *Strategic Management Journal, 26*(10), 967-985.

Kor, Y. Y., & Mahoney, J. T. (2000). Penrose's resource-based approach: The process and product of research creativity. *Journal of Management Studies, 37*(1), 109-139.

Kunc, M. (2008). Achieving a balanced organizational structure in professional services firms: Some lessons from a modeling project. *System Dynamics Review, 24*(2), 119-143.

Kyläheiko, K., Jantunen, A., Puumalainen, K., Saarenketo, S., & Tuppura, A. (2011). Innovation and internationalization as growth strategies: The role of technological capabilities and appropriability. *International Business Review, 20*(5), 508-520.

Levinthal, D. A., & Fichman, M. (1988). Dynamics of interorganizational attachments: Auditor-client relationships. *Administrative Science Quarterly, 33*(3), 345-369.

Li, Y., Zhang, Y. A., & Shi, W. (2020). Navigating geographic and cultural distances in international expansion: The paradoxical roles of firm size, age, and ownership. *Strategic Management Journal, 41*(5), 921-949.

Liu, S. (2006). Client influence and the contingency of professionalism: The work of elite corporate lawyers in China. *Law & Society Review, 40*(4), 751-782.

Liu, Y. (2017). Born global firms' growth and collaborative entry mode: The role of transnational entrepreneurs. *International Marketing Review, 34*(1), 46-67.

Lockett, A., Wiklund, J., Davidsson, P., & Girma, S. (2011). Organic and acquisitive growth: Re-examining, testing and extending Penrose's growth theory. *Journal of Management Studies, 48*(1), 48-74.

Løwendahl, B. (2005). *Strategic management of professional service firms*. Copenhagen Business School Press.

Macve, R. (2020). Perspectives from mainland China, Hong Kong and the UK on the development of China's auditing firms: Implications and a research agenda. *Accounting and Business Research, 50*(7), 641-692.

Maister, D. H. (1993). *Managing the professional service firm*. Free Press.（高橋俊介監訳・博報堂マイスター研究会訳『プロフェッショナル・サービス・ファーム―知識創造企業のマネジメント』東洋経済新報社，2002 年）

Malos, S. B., & Campion, M. A. (2000). Human resource strategy and career mobility in professional service firms: A test of an options-based model. *Academy of Management Journal, 43*(4), 749-760.

Masurel, E., & van Montfort, K. (2006). Life cycle characteristics of small professional service firms. *Journal of Small Business Management, 44*(3), 461-473.

Mawdsley, J. K., & Somaya, D. (2018). Demand-side strategy, relational advantage, and partner-driven corporate scope: The case for client-led diversification. *Strategic Management Journal, 39*(7), 1834-1859.

Mawdsley, J. K., & Somaya, D. (2021). Relational embeddedness, breadth of added value opportunities, and business growth. *Organization Science*, 1009-1032.

Mayer, M. C. J., Stadler, C., & Hautz, J. (2015). The relationship between product and international diversification: The role of experience. *Strategic Management Journal, 36*(10), 1458-1468.

McKelvie, A., & Wiklund, J. (2010). Advancing firm growth research: A focus on growth mode instead of growth rate. *Entrepreneurship Theory and Practice*,

34(2), 261-288.

Milhaupt, C. J., & West, M. D. (2003). Law's dominion and the market for legal elites in Japan. *Law and Policy in International Business, 34*(2), 451-498.

Mintzberg, H. (1971). Managerial work: Analysis from observation. *Management Science, 18*(2), B-97-B-110.

Mintzberg, H. (1973). *The nature of managerial work.* Harper & Row.（奥村哲史・須貝栄訳『マネジャーの仕事』白桃書房，1993 年）

Mintzberg, H. (1975). The manager's job: Folklore and fact. *Harvard Business Review, 53*(4), 49-61.

Mintzberg, H. (2009). *Managing.* Financial Times Prentice Hall.（池村千秋訳『マネジャーの実像』日経 BP，2011 年）

Miozzo, M., Lehrer, M., DeFillippi, R., Grimshaw, D., & Ordanini, A. (2012). Economies of scope through multi-unit skill systems: The organization of large design firms. *British Journal of Management, 23*(2), 145-164.

Miniter, R. (2002). *The myth of market share: Why market share is the fool's gold of business.* Crown Business.

Mishina, Y., Pollock, T. G., & Porac, J. F. (2004). Are more resources always better for growth? Resource stickiness in market and product expansion. *Strategic Management Journal, 25*(12), 1179-1197.

Mohr, A., Batsakis, G., & Stone, Z. (2018). Explaining the effect of rapid internationalization on horizontal foreign divestment in the retail sector: An extended Penrosean perspective. *Journal of International Business Studies, 49*(7), 779-808.

Morgan, G., & Quack, S. (2005). Institutional legacies and firm dynamics: The growth and internationalization of UK and German law firms. *Organization Studies, 26*(12), 1765-1785.

Morris, T., & Empson, L. (1998). Organisation and expertise: An exploration of knowledge bases and the management of accounting and consulting firms. *Accounting, Organizations and Society, 23*(5-6), 609-624.

Morris, T., & Pinnington, A. (1998). Promotion to partner in professional service firms. *Human Relations, 51*(1), 3-24.

Nachum, L. (1996). Winners and losers in professional services: What makes the difference? *Service Industries Journal, 16*(4), 474-490.

Nachum, L., & Song, S. (2011). The MNE as a portfolio: Interdependencies in

MNE growth trajectory. *Journal of International Business Studies, 42*(3), 381-405.

Nanda, A., & Narayandas, D. (2021). What professional service firms must do to thrive. *Harvard Business Review, 99*(2(March-April)), 98-107.

Nason, R. S., & Wiklund, J. (2018). An assessment of resource-based theorizing on firm growth and suggestions for the future. *Journal of Management, 44*(1), 32-60.

Nätti, S., Halinen, A., & Hanttu, N. (2006). Customer knowledge transfer and key account management in professional service organizations. *International Journal of Service Industry Management, 17*(4), 304-319.

Nelson, R. L. (1988). *Partners with power: The social transformation of the large law firm*. University of California Press.

Netland, T. H., & Alfnes, E. (2007). Internationalisation of professional services—A 1999-2005 literature review. *POMS/EurOMA Service Operations Conference, London.*

Newbert, S. L. (2007). Empirical research on the resource-based view of the firm: An assessment and suggestions for future research. *Strategic Management Journal, 28*(2), 121-146.

Nicholas, T., & Shimizu, H. (2013). Intermediary functions and the market for innovation in Meiji and Taishō Japan. *Business History Review, 87*(1), 121-149.

Pantic-Dragisic, S., & Söderlund, J. (2020). Swift transition and knowledge cycling: Key capabilities for successful technical and engineering consulting? *Research Policy, 49*(1), 103880.

Pasanen, M. (2007). SME growth strategies: Organic or non-organic ? *Journal of Enterprising Culture, 15*(04), 317-338.

Pashigian, B. P. (1977). The market for lawyers: The determinants of the demand for the supply of lawyers. *Journal of Law & Economics, 20*(1), 53-85.

Penrose, E. T. (1959). *The theory of the growth of the firm*. Basil Blackwell.（末松玄六訳『会社成長の理論』ダイヤモンド社，1962 年）

Penrose, E. T. (1980). *The theory of the growth of the firm* (2nd ed). Blackwell.（末松玄六訳『会社成長の理論』ダイヤモンド社，1980 年）

Penrose, E. T. (1995). *The theory of the growth of the firm* (3rd ed). Oxford University Press（日高千景訳『企業成長の理論』ダイヤモンド社，2010 年）

Phillips, D. J. (2001). The promotion paradox: Organizational mortality and employee promotion chances in Silicon Valley law firms, 1946-1996. *American Journal of Sociology, 106*(4), 1058-1098.

Pickering, M. E. (2017). Post-acquisition integration processes in publicly owned professional service companies: Senior professional behaviour and company performance. *Journal of Organizational Behavior, 38*(7), 950-976.

Pinnington, A. H., & Sandberg, J. (2014). Competence regimes in professional service firm internationalization and professional careers. *Group & Organization Management, 39*(5), 561-591.

Pinnington, A., & Morris, T. (1996). Power and control in professional partnerships. *Long Range Planning, 29*(6), 842-849.

Podolny, J. M. (1993). A status-based model of market competition. *American Journal of Sociology, 98*(4), 829-872.

Porter, M. E. (1998). *Competitive strategy: Techniques for analyzing industries and competitors*. Free Press.

Porter, M. E., & Nohria, N. (2018). How CEOs manage time. *Harvard Business Review, 96*(4), 42-51.

Pugliese, R., Bortoluzzi, G., & Zupic, I. (2016). Putting process on track: Empirical research on start-ups' growth drivers. *Management Decision, 54*(7), 1633-1648.

Radulovich, L., Javalgi, R. G., & Scherer, R. F. (2018). Intangible resources influencing the international performance of professional service SMEs in an emerging market: Evidence from India. *International Marketing Review, 35*(1), 113-135.

Reihlen, M., & Werr, A. (2015). Entrepreneurship and professional service firms. In L. Empson, D. Muzio, J. Broschak, & B. Hinings (Eds.), *The Oxford handbook of professional service firms* (pp. 255-278). Oxford University Press.

Richard, P. J., Devinney, T. M., Yip, G. S., & Johnson, G. (2009). Measuring organizational performance: Towards methodological best practice. *Journal of Management, 35*(3), 718-804.

Rogan, M., & Mors, M. L. (2017). Managerial networks and exploration in a professional service firm. *Organization Studies, 38*(2), 225-249.

Ryzhkova, N. (2015). Does online collaboration with customers drive innovation performance? *Journal of Service Theory and Practice, 25*(3), 327-347.

Sako, M., Chondrakis, G., & Vaaler, P. M. (2016). How do plural-sourcing firms make and buy? The impact of supplier portfolio design. *Organization Science, 27*(5), 1161–1182.

Savage, J. P., Li, M., Turner, S. F., Hatfield, D. E., & Cardinal, L. B. (2020). Mapping patent usage in management research: The state of prior art. *Journal of Management, 46*(6), 1121–1155.

Scott, W. R. (1965). Reactions to supervision in a heteronomous professional organization. *Administrative Science Quarterly, 10*(1), 65–81.

Segal-Horn, S., & Dean, A. (2011). The rise of super-elite law firms: Towards global strategies. *Service Industries Journal, 31*(2), 195–213.

Seshadri, S., & Shapira, Z. (2001). Managerial allocation of time and effort: The effects of interruptions. *Management Science, 47*(5), 647–662.

Shepherd, D., & Wiklund, J. (2009). Are we comparing apples with apples or apples with oranges? Appropriateness of knowledge accumulation across growth studies. *Entrepreneurship Theory and Practice, 33*(1), 105–123.

Sherer, P. D. (1995). Leveraging human assets in law firms: Human capital structures and organizational capabilities. *ILR Review, 48*(4), 671–691.

Silvestro, R., Fitzgerald, L., Johnston, R., & Voss, C. (1992). Towards a classification of service processes. *International Journal of Service Industry Management, 3*(3), 62–75.

Skjølsvik, T., Løwendahl, B. R., Kvålshaugen, R., & Fosstenløkken, S. M. (2007). Choosing to learn and learning to choose: Strategies for client co-production and knowledge development. *California Management Review, 49*(3), 110–128.

Skjølsvik, T., Pemer, F., & Løwendahl, B. R. (2017). Strategic management of professional service firms: Reviewing ABS journals and identifying key research themes. *Journal of Professions and Organization, 4*(2), 203–239.

Slater, M. (1980). The managerial limitation to the growth of firms. *Economic Journal, 90*(359), 520–528.

Somaya, D., & Mawdsley, J. (2015). Strategy and strategic alignment in professional service firms. In L. Empson, D. Muzio, J. Broschak, & B. Hinings (Eds.), *The Oxford handbook of professional service firms* (pp. 213–237). Oxford University Press.

Somaya, D., Williamson, I. O., & Lorinkova, N. (2008). Gone but not lost: The different performance impacts of employee mobility between cooperators versus competitors. *Academy of Management Journal, 51*(5), 936–953.

Somaya, D., Williamson, I. O., & Zhang, X. (2007). Combining patent law expertise with R&D for patenting performance. *Organization Science, 18*(6), 922-937.

Stam, E., Garnsey, E., & Heffernan, P. (2006). A Penrosean theory of the firm: Implications and applications for the study of the growth of young firms. In M. Dietrich (Ed.), *Economics of the firm: Analysis, evolution and history* (pp. 146-168). Routledge.

Steffens, P., Davidsson, P., & Fitzsimmons, J. (2009). Performance configurations over time: Implications for growth-and profit-oriented strategies. *Entrepreneurship Theory and Practice, 33*(1), 125-148.

Süzeroğlu-Melchiors, S., Gassmann, O., & Palmié, M. (2017). Friend or foe? The effects of patent attorney use on filing strategy vis-a-vis the effects of firm experience. *Management Decision, 55*(6), 1122-1142.

Stinchcombe, A. L. (1965). Social structure and organizations. In J. G. March, *Handbook of organtzatlons* (pp. 142-193). Rand McNally.

Storey, D. J. (1994). *Understanding the small business sector.* Routledge. (忽那憲治・安田武彦・高橋徳行訳『アントレプレナーシップ入門』有斐閣，2004 年)

Storey, D. J., & Greene, F. J. (2010). *Small business and entrepreneurship.* Pearson Education.

Swanson, K. W. (2009). The emergence of the professional patent practitioner. *Technology and Culture, 50*(3), 519-548.

Tan, D., Su, W., Mahoney, J. T., & Kor, Y. (2020). A review of research on the growth of multinational enterprises: A Penrosean lens. *Journal of International Business Studies, 51*(4), 498-537.

Teece, D. J. (2003). Expert talent and the design of (professional services) firms. *Industrial and Corporate Change, 12*(4), 895-916.

Tengblad, S. (2006). Is there a "new managerial work"? A comparison with Henry Mintzberg's classic study 30 years later. *Journal of Management Studies, 43*(7), 1437-1461.

Tranfield, D., Denyer, D., & Smart, P. (2003). Towards a methodology for developing evidence-informed management knowledge by means of systematic review. *British Journal of Management, 14*(3), 207-222.

Uzzi, B. (1999). Embeddedness in the making of financial capital: How social relations and networks benefit firms seeking financing. *American Sociological*

Review, 64(4), 481-505.

Uzzi, B., & Lancaster, R. (2003). Relational embeddedness and learning: The case of bank loan managers and their clients. *Management Science, 49*(4), 383-399.

van Schothorst-van Roekel, J., Weggelaar-Jansen, A. M. J. W. M., de Bont, A. A., & Wallenburg, I. (2021). The balancing act of organizing professionals and managers: An ethnographic account of nursing role development and unfolding nurse-manager relationships. *Journal of Professions and Organization, 7*(3), 283-299.

Vaz, R. (2021). Firm growth: A review of the empirical literature. *Revista Galega de Economía, 30*(2), 1-20.

Vera-Muñoz, S. C., Ho, J. L., & Chow, C. W. (2006). Enhancing knowledge sharing in public accounting firms. *Accounting Horizons, 20*(2), 133-155.

von Nordenflycht, A. (2007). Is public ownership bad for professional service firms? Ad agency ownership, performance, and creativity. *Academy of Management Journal, 50*(2), 429-445.

von Nordenflycht, A. (2010). What is a professional service firm? Toward a theory and taxonomy of knowledge-intensive firms. *Academy of Management Review, 35*(1), 155-174.

Wadmann, S., Holm-Petersen, C., & Levay, C. (2019). 'We don't like the rules and still we keep seeking new ones': The vicious circle of quality control in professional organizations. *Journal of Professions and Organization, 6*(1), 17-32.

Wagner, S., Hoisl, K., & Thoma, G. (2014). Overcoming localization of knowledge-the role of professional service firms. *Strategic Management Journal, 35*(11), 1671-1688.

Wallace, J. E., & Kay, F. M. (2009). Are small firms more beautiful or is bigger better? A study of compensating differentials and law firm internal labor markets. *The Sociological Quarterly, 50*(3), 474-496.

Wasserman, N. (2008). Revisiting the strategy, structure, and performance paradigm: The case of venture capital. *Organization Science, 19*(2), 241-259.

Weinzimmer, L. G., Nystrom, P. C., & Freeman, S. J. (1998). Measuring organizational growth: Issues, consequences and guidelines. *Journal of Management, 24*(2), 235-262.

Wennberg, K., Delmar, F., & McKelvie, A. (2016). Variable risk preferences in new firm growth and survival. *Journal of Business Venturing, 31*(4), 408-427.

Wernerfelt, B. (1984). A resource-based view of the firm. *Strategic Management Journal, 5*(2), 171-180.

Wiklund, J., Patzelt, H., & Shepherd, D. A. (2009). Building an integrative model of small business growth. *Small Business Economics, 32*(4), 351-374.

Wooldridge, J. M. (2010). *Econometric Analysis of Cross Section and Panel Data.* MIT Press.

Yin, R. K. (2018). *Case study research and applications: Design and methods.* SAGE.

Zupic, I., & Čater, T. (2015). Bibliometric methods in management and organization. *Organizational Research Methods, 18*(3), 429-472.

Zupic, I., & Drnovsek, M. (2014). Firm growth: Research front and intellectual structure. *Academy of Management Proceedings, 2014*(1), 12367.

和文索引

あ行

か行

さ行

た行

な行

は行

ら行

欧文索引

著者略歴

中本　龍市　（なかもと　りゅういち）

九州大学大学院経済学研究院准教授
京都大学大学院経済学研究科博士後期課程指導認定退学，博士（経済学）。公益財団法人医療科学研究所研究員，椙山女学園大学講師・准教授を経て現職。主要な業績として，『エビデンスから考えるマネジメント入門)』（共著）中央経済社，『イノベーション・マネジメント』（共著）中央経済社等がある。

専門《せんもん》サービス組織《そしき》（PSFs）の成長《せいちょう》メカニズム
「分業構造《ぶんぎょうこうぞう》」の視点《してん》からのアプローチ

発行日――2023年 4 月 26日　初 版 発 行　〈検印省略〉

著　者――中本《なかもと》 龍市《りゅういち》

発行者――大矢栄一郎

発行所――株式会社　白桃書房《はくとうしょぼう》
〒101-0021　東京都千代田区外神田5-1-15
☎03-3836-4781　℻03-3836-9370　振替00100-4-20192
https://www.hakutou.co.jp/

印刷・製本――藤原印刷

2023　Printed in Japan　ISBN 978-4-561-26777-5　C3034

好　評　書